JN001304

｜速水堅曹と親族｜

速水堅曹研究会編

上毛新聞社

ⵑ ＢＯＯＫＬⵁ

目 次

はじめに

　日本ではじめての近代的な器械製糸所「藩営前橋製糸所」を前橋につくったのは速水堅曹（1839~1913）である。

　下級藩士の身分でありながらも明治という新しい時代を迎え、その才を存分に発揮し、製糸業の近代化のために生涯をかけて牽引していった。

　このようなことを成し遂げた人物の履歴は、ある程度明らかになる。だが、その功績は果たして、彼一人の努力だけで達成しえたものであろうか。

　否、親やきょうだいの協力や励ましがあってこその部分も大きいのではないだろうか。親族たちはどうであったのであろうか。身内に名を残すような活躍をする人物が出ると、周囲の人たちに及ぼす影響はあったのか。

　下級藩士は、身分制度の厳しさの下にあった。それがためか、その繋がりは大変に強いものがあったといわれる。結婚は、同じ藩の同じ身分同士でするのがほぼ決まりであった。

　速水堅曹の親族の場合も調べてみると、まさに当てはまっている。狭い範囲内での親戚づきあいとなる。互いの家の事情や家族を知り尽くしているような面がある。江戸時代のそのような境遇に生まれ育った堅曹は、きょうだいたちの結婚先とは濃密な繋がりをもった付き合いであった。

　このたび、このような速水堅曹を取り巻く親族を取り上げることにしたのは、その事由による。堅曹を調べれば調べるほどに、まるで"大きな家族"と表現してもいいような親族たちの動向が浮きあがった。親族は、彼の行動に不可欠の要素となる。堅曹は、親族から力をもらい、世に出てからも親族の面倒をよく見ていた。

　親族の中で特筆すべき人物は、蚕種の改良に取り組み、研業社の社長を務めた実兄の「桑嶋新平」である。

　次には、堅曹の実姉の「西塚梅」がいる。最初の器械製糸所工女取締役になった。1869年（明治2）に来橋したイタリア公使一行を案内した「遠藤鏻平」は西塚梅の息子で、堅曹の甥に当たる。いずれも前橋の養蚕製糸業に果たした役割は大きい。

　さて、2015年に速水堅曹研究会を立ちあげた。私を含め、速水家と繋がりのある親族の子孫ばかりが集まる。先祖調べが研究の根底にあった。どのように速水堅曹と関わっていたのかに焦点を当てた。

　素人の、だが足元から洗いだし、わずかな情報を見詰める調査で行き来した。

それにもかかわらず、おぼろげながらつかめてきた事柄の一端は、はからずも速水家親族だけでなく、当時の幕末維新から近代にかけての旧下級藩士たちの、特有な歴史像と個性的な生き方を提出することができたのではないか。

　人の一生は多くの人との関わりでできあがっていく。一人の人間とその周囲の人々との関わりがわかってこそ、その人物を、厚みをもって語ることができると考える。堅曹を知るには、その親族たちを知ることが重要である。

　しばし、速水堅曹と親族の歩みにお付きあい願いたい。

速水堅曹研究会 代表　速水美智子

第一章　堅曹を支えた親族

1　長兄・桑嶋新平

　速水堅曹の兄、桑嶋新平は1831年（天保2）3月1日、川越藩士速水仲助政信、まつの長男として、武蔵国入間郡川越（現・埼玉県川越市）に生まれる。幼名は鎮太郎、のち新平となる。堅曹より8歳上である。

　1843年（天保14）12歳の時、川越藩士桑嶋辰三郎の養子となる。新平は速水家の長男である。だが、桑嶋家の養子に入った。堅曹の父、政信の2代前の速水家4代の次郎左衛門政吉が岡崎氏からの養子で、その次男が今度は子供のいなかった岡崎氏に養子に行くという関係にあった。その岡崎氏に養子にいった文左衛門の3男、辰三郎が桑嶋家に養子に入っており、彼は堅曹の父、政信といとこの関係になる。

　家筋を絶やさないという前提のもと、当時の下級藩士たちは、縁のある近いもの同士で養子縁組を繰り返して家を守ってきたようである。桑嶋家を継いだ、政信のいとこの辰三郎が「浪人」になってしまい、それを政信が申し立てた。「降参」したので、政信は自分の嫡男であった新平を桑嶋家に養子に行かせ、跡を継がせたという。つながりの深い親族のためにそうしたのであろう。速水家は次男が早逝した。だが、幼い三男の堅曹がいた。

　桑嶋家は、家業が伯楽（馬医）であった。新平は16歳の時、江戸へ7年間の馬医修業に行く。7年の修業は藩の決まりである。1853年（嘉永6）に帰国して、川越の西町（現・川越市）に住む。この年、川越藩士松本林右衛門の娘「まり」と結婚する。

　1866年（慶応2）6月、弟の堅曹や従兄の稲葉隣平らと藩の「御内用」といわれる仕事に従事する。生糸関係である。翌1867年（慶応3）2月、藩の移転にともなって前橋に移る。船津伝次平らと諮って、1868年（明治元）からは養蚕業の改良を企図する。維新の時には藩命を受け、郷兵を組織し藩中を警護した。1869年（明治2）11月民政局庶務拝命、馬医兼任となる。

　1870年（明治3）に開業した日本最初の器械製糸所、藩営前橋製糸所にあってはミュラーについて製糸の研究をして、「生繭買入方」を担当した。前橋製糸所は、廃藩置県で県の所有になり、1873年（明治6）に小野組に払い下げられた。新平は深澤雄象、速水堅曹らと養蚕から器械製糸までの一貫した養蚕

製糸の模範所を造ろうと準備を始める。

　河瀬秀治群馬県令も大いに奨励した。新平は 1874 年（明治 7）4 月、勢多郡関根村（現・前橋市関根町）に桑畑 6 町余を購入して、まず蚕室を建てた。5 月、養蚕および蚕種の改良を図り、続いて関根隣地の高地で湿気の少ない楢山の 1 町 3 反歩を買入れて開墾した。翌 1875 年（明治 8）、器械製糸 50 人釜の研業社＝関根製糸所を開業する。建物は、前橋城取り壊しの材料を払い下げてもらったために、壮麗な建物であった。しかしその年、堅曹は諸事情の絡みで、内務省出仕となった。経営は深澤雄象と新平に任され、新平は研業社社長となる。

　研業社は適地であったためがゆえに、養蚕も製糸もともに進捗した。各地からは両業の伝習を請う者が多く、それは「全ク私立ノ講習所タルガ如シ」（「桑嶋新平　履歴書草稿」桑嶋家所蔵）と形容されるほどであったという。

　伝習に来た人物に埼玉県上広瀬村の清水宗徳がいる。開業まもなくの 1876 年（明治 9）、妻ともども関根製糸所に伝習に訪れた。宗徳は伝習後、地元の上広瀬村に戻り、入間川沿いに桑畑をつくり、研業社にならい「暢業社」と名付けた器械製糸所を開業した。

　その糸は優秀で数々の博覧会で賞を得ている。新平も目をかけていた人物で、彼の成功を誇りに思い、自身の履歴書にもあえて記し、誇った。1880 年（明治 13）に堅曹が発足させた生糸直輸出会社「同伸会社」には取締役として参画し、同社がフランスのリヨンに最初に輸出した生糸は富岡製糸所と暢業社のものであった。その他の伝習生には、後に桑嶋家を継ぐことになった養蚕家として知られる桑嶋定助もいる。

　新平は研業社で養蚕製糸の実務に携わる。他方、群馬県繭共進会と七県連合共進会では審査員を務めて、1882 年に農商務省の日本農談会会員、1885 年（明治 18）に蚕糸業組合準則に基づき創立委員に選ばれ、前橋蚕糸業組合長などを歴任する。

　1879 年（明治 12）の日本初の共進会における薦告文は、新平のことを次のように記す。「夙に養蚕に注意し、原種を精選し、飼養の方法を各地に質し、養法の精を極め此美質良繭を産す、加ふるに貯蔵の方法桑園の栽培皆法とすべく、年々各県下の生徒を教示し、懇切に其方法を授け広く内国に施及するは最も感賞するに堪えたり」と、新平の養蚕改良の成果と、それを伝習生たちに教え広めたことを賞賛している。

　1885 年（明治 18）6 月、農商務卿より新平に功労賞が下賜された。その文

面は「嘗て有志と相謀り、製糸場を関根に設けて精良の生糸を製、仏米両国に直輸し大に声誉を海外に博す。又自製の蚕種を各地に分與し、以て改良を促す等其功労大なりとす。因て之を賞す」（句読点筆者）。1908 年（明治 41）2 月には、大日本蚕糸会より第 5 回功績表彰にあたり、名誉金賞牌を贈与された。

　このように、新平は維新期前後の新しい趨勢を察知して、良い生糸を作るには良い繭を作らなければならない、と養蚕や繭の専門家として前橋を拠点にして活躍した。

　研業社は 1888 年（明治 21）深澤雄象の娘婿の利重に引き継がれた。だが、翌 89 年（明治 22）6 月に火事で繭蔵を焼失する。新平は私財を投げ打って経営に尽くした。だが自身の生活は極度に苦境に陥り、経営困難となった。同社は 1898 年（明治 31）1 月、再び火災に遭い、家屋 8 棟すべてを焼失してしまった。

　新平、まり夫婦には 3 男 3 女の子供があった。長男の謙太郎が家業ともども跡を継いでいた。しかし 1897 年（明治 30）両親に先立ち、病気で亡くなった。2 男の省三は他の職業に就き分家し、3 男恒収は 1928 年（昭和 3）に亡くなった。そこで、研業社で新平からは養蚕の伝習を受け、全国で養蚕指導をしていた品川定助が郷里に帰って、桑嶋家の再興のため、新平の 3 女の保と結婚して入婿となった。定助は桑嶋家を、原之郷（現・勢多郡富士見村原之郷）に移して、新平の蚕種製造業を引き継いだ。

　新平が亡くなったとき、『蚕業新報』第 224 号（1911 年＝明治 44）の追悼文は「豪胆斗の如き古武士風の人」「寡言謙遜」と、その風貌と寡黙で謙遜な人柄を伝える。「財事には疎かりし」とされるものの「四方の子弟を収容指導して人の美を成すに汲々たり」とし、全国の子弟を指導して長所や美点を見つけ、それを大成させることに心を傾けて一心に務める指導者であったことを伝える。

　武士は維新の中で、新しい生き方を模索した。その中で前橋藩は、養蚕や生糸業が盛んであった。その趨勢を見極めて、速水家の親族はその方向にかじを切る。士族授産として県令の後押しで、多くの藩士が携わっていった。現在では、進歩的でよい藩であったと評価されている。だが、当時では新平の方向性は極めて少数派で、後に精糸原社を興した深澤雄象と共に、藩勢を蚕糸業に誘発し、その一翼を担った人物といえる。

　研業社を立ち上げるとき、堅曹は意に反して中央の官僚に就かざるをえなかった。兄の新平らと一緒に活動していくことができなかった。それでも地方巡業と称し、前橋に来ては研業社の建設から製糸所の開業にいたるための資金

調達、その後の経営まで、できる限りの補佐をした。1886年（明治19）10月関根製糸所の困難を助けなければと、堅曹は富岡から上京し周旋している。

　翌1887年（明治20）4月新平の長男、謙太郎が堅曹の許を訪れたことが、自伝『六十五年記』に記されている。謙太郎は「関根製糸所を改良会社の指揮によって担任す」と報告に来た。堅曹は「改良会社の着眼何為る事ぞや、実に危哉、併ながら汝に於ては謹で勤務すべく旨深く教戒す」とある。

　つまり、堅曹は星野長太郎らが作った上毛繭糸改良会社の「指揮」下に入ることを不安に感じた。今後のあり方を案じて、甥の謙太郎に助言を尽くす。だが4年後、上毛繭糸改良会社は経営破綻して、解散してしまう。研業社はその影響をもろに被り、経営困難に陥った。

　晩年、新平は病にあって借金に難儀した。そのときの堅曹から新平に宛てた手紙が残る。「お兄上様」宛と、これまでも手紙でやりとりがあったようで、その返書である。「御難儀之御借金とハ如何ニも遺憾ニ候」と、まず兄の借金に陥っている困難な状況に心を寄せる。「早速ニも参上拝顔を得度、希望ニ添エス候得共、如何セン迚も一人ニて罷出候事不相叶、又差遣候者も無候」と、堅曹も体調が優れず、見舞いに行けないと心より詫びる。

　「何卒御大切ニ御加養奉祈候。改テ御見舞し聊正金少□進呈仕候間。御心ニ叶ヒシモノ御用ひ被下度候」と兄の養生を祈って、見舞い金を送っている。頼りとした長男も亡く、借金苦にあえいでいる兄の新平に対して、東京に離れて住む堅曹は、お互いに病身となっても兄の「難儀」にいくらか近づきたいと念じた想いが伝わる。切なくも、兄の境遇に寄りそう文面がにじむ。

　新平は1911年（明治44）10月24日、亡くなる。享年80。墓は旧富士見村の地蔵窪霊園にある。
　　　　　　　　　　　　　　　　　　　　　　　　　　　　（速水美智子）

〈参考文献〉
『速水堅曹資料集』
『主君松平略景及末ニ速水ノ系図』
「桑嶋新平　履歴書草稿」桑嶋家所蔵
「蚕糸界の先進　桑嶋新平翁」『蚕業新報』224号
『郷土の先人たち（一）』富士見村教育委員会
『悲壮は則ち君の生涯なりき』
『群馬県蚕糸業沿革調査書』

2　長姉・西塚梅

　西塚梅は速水堅曹の長姉である。速水堅曹は兄2人（次兄は早逝）姉2人の5人きょうだいの末子である。梅は1825年（文政8）4月19日、川越藩士速水仲助政信、まつの最初の子として武蔵野国入間郡川越小仙波（現・埼玉県川越市）に生まれる。堅曹より14歳上である。

　「速水家累代之歴史」と「速水堅曹履歴抜萃甲号自記」によると、梅は1842年（天保13）に川越藩士の遠藤鐘平と結婚する。4男2女（長男と3男は早逝）の子宝に恵まれ、2男の遠藤鏘平は1869年（明治2）に前橋に蚕糸業の視察に来たイタリア公使ドゥ・ラ・トゥール伯爵一行を案内した人物である。

　1859年（安政6）夫の鐘平が亡くなった。跡を継いだ2男の鏘平はこの頃のことを、祖母を含む家族6人の家計は「非常ニ困難」となり、「母ニ助力致シ三反歩ノ畑ヲ耕ス」と『遠藤家系図書』に記している。主を亡くした遠藤家は2年後、速水家と一緒に暮らすようになる。

　速水家も1849年（嘉永2）、堅曹が10歳の時に当主である父の政信が亡くなり、堅曹が家督を継ぐ。禄は3分の2に減らされ、母まつの奮闘と自分の内職で糊口をしのいでいた。遠藤家と同居したのはこの頃である。兄の新平はすでに桑嶋家に養子に行き、次姉の鈴は遠藤鐘平が亡くなった年、川越藩士の宮澤熊五郎に嫁ぎ、速水家は母と堅曹だけであった。堅曹の日記には「遠藤エ同居ノ表面ヲ以、赤座中村ノ跡ニ転宅ス」とある。

　速水家にとっても一緒に暮らすことは良かったのであろう。この赤座の家は敷地340坪で5部屋もあり、それまで住んでいた家よりずっと大きい。しかしこの赤座の家に住んで7年後の1868年（慶応3）4月、藩の移転に伴って2家族は前橋に転居することになる。

　川越藩主の松平大和守（11代松平直克）の前橋への移転は、1862年（文久2）ころより計画されていた。1863年（文久3）8月、堅曹の義兄で藩の算学師範であった宮澤熊五郎（のち和算の大家となる）が前橋へ単身で引っ越している。妻の鈴と子供は速水家で預かった。この年から前橋城の再築が始まり、翌1864（文久4）年夏には静壽斎（9代松平典則）、その娘の幸姫などが前橋に移住している。建築は急ピッチで進められたのである。引越しは藩士およそ3000人の大移動である。

　速水家や遠藤家の動きはどうであったのか。まず1865年（元治2・慶應元）、前年に結婚したばかりの堅曹であったが「公用繁多ノ故」に単身で、甥の遠藤鏘平ともども川越市内の下川殿の長屋へ移った。騒擾が重なる時期で、多くの

用事に加えて藩の引越しの大事業もあり、下級藩士らはその派閥の長（この場合は家老の下川又左衛門）の元で鋭意仕事をするような事態であった。

　1866 年（慶應 2）9 月、速水家は家族一同で前橋に移り、翌 1867 年（慶應 3）2 月に前橋城が完成して、兄の桑嶋家、いとこの稲葉家、遠藤家が前橋に越してきた。前橋は武家屋敷の数が少なく、最初は長屋に住むしかなく、堅曹は日記に家の図面を記しているが、本当に狭くて不便であった。速水家は何度も長屋や貸宅を転々として、兄の桑嶋家にも同居した時期もある。引越し一つ取っても、一族が助けあって暮らしていたことがよくわかる。

　藩の引越しが終わり、堅曹らは前橋藩士となる。梅は 1868 年（慶應 4・明治元）9 月、すなわち明治に改元される直前に前橋藩家老の下川又左衛門の勧めにより、前橋藩士の西塚清造と再婚した。梅の子孫たちは、夫と死別して 10 年近くたち、子供もいるのになぜ再婚したのかと、長年この再婚については疑問があった。藩の家老からの勧めとなれば断ることはできなかったのだろう。

　幕末、藩は生糸の集散地である前橋に集まる良質の生糸を使って財政を立て直すことを画策する。1866 年（慶應 2）、家老の下川又左衛門が川越郊外の藤倉村にある堅曹の母の実家を訪れている。この時一族全員が集まって下川を迎えている。堅曹の日記には下川の訪問の目的も内容も書かれていないが、これは速水一族にとって極めて重要な出来事となった。

　この日を境に下級藩士であった親戚一族の速水堅曹、桑嶋新平、稲葉隣平、遠藤鏘平らの意見が藩主や藩の上層部に取り上げられるようになったのである。いわゆる「ご内用」といわれる、表には出せない藩の重要な用事を任されるようになった。それは織物の産地へ行くことが多く、生糸関係であったことがわかる。藩主への建白は藩として前橋の生糸をどのように扱い、有用していくかといった内容であったと考えられる。

　前橋藩は堅曹を主任として選び、1869 年（明治 2）3 月に藩営の生糸売込み問屋を横浜に開店する。続いて 1870 年（明治 3）6 月スイス人カスパー・ミュラーを 4 カ月間雇入れ、前橋に日本初の器械製糸所「藩営前橋製糸所」を造った。これも、弟の速水堅曹が責任者であった。イタリアで製糸教師をしていたミュラーから堅曹と梅は器械製糸技術のすべてを学び習得した。

　梅は製糸所の「師婦」となる。後に教婦とか工女取締とよばれる役職である。1871 年（明治 4）9 月に提出された「前橋藩製糸所規定」は、師婦の仕事をつぎのように定めている。その第 7 条では「師婦は毎日繭の渡し、糸の受取等目方を吟味し帳面に記し、糸の精粗を糺し、怠を責め小女の次第を着目し、都

て細密に心を用い諸婦を支配し、黜陟の権あるべきこと、但給料白銀二十枚宛、自分賄」（読点引用者）とある（＊1）。梅は器械製糸の技術を教えるだけでなく、製糸所で扱う繭の量と生糸の生産量を日々記録し、工女達の勤務態度等を細かく監督して評価する仕事まで担ったことがわかる。

堅曹が対外的に忙しかったため、製糸所内部の仕事を全面的に補佐していたと考えられる。再婚した夫の西塚清造も前橋製糸所で働いている。夫婦もので働くことによって、当時の世情からは、幼い女子を預かったり、梅自身の安全のためにも、そういった体裁は必要であったのではないかとも考えられる。

梅のもとで働いたことのある前橋藩士・深澤雄象の娘の孝は、晩年、梅のことを「「西塚のおばさん」と呼んでいた男まさりの方」と語って「速水〔堅曹〕さんは、専心に経営に当り西塚のおばさんは内を確く治めて、よく世話をされていました」と回想する。しかも「礼儀作法の事まで細かく世話をやきました。品位ある糸は礼儀を欠き作法くづしては出来るものでない」といわれた（＊2）。梅の工女指導の要である。

梅の指導を受けた人物に、後に「肥後の製糸教婦の祖」といわれた大野浪（なみ）がいる。彼女は藩営前橋製糸所が開業した時の最初の工女の一人で、藩士大野義三太（茂惣太）の娘である。前橋製糸所で伝習を受けた熊本の長野濬平・親蔵親子から、郷里に帰って新しく器械製糸業を始めるので、娘たちを指導する工女を連れていきたいと所望されて、梅と堅曹が大野浪を推薦した。まだ18歳であった。

浪は1872年（明治5）、遠く熊本まで製糸を教えるために向かった。九州各地から伝習にきた娘たちを指導した。1875年（明治8）西日本で初めて開業した器械製糸所「緑川製糸所」に工女100余名を送りこんで、見事その役目を果たした。その後、養蚕製糸家と結婚してからも熱心に製糸の指導を続け、彼の地で生涯を終えた。梅の指導が花開いた1人である。

1872年（明治5）に前橋製糸所は藩の廃止により県に移管され、翌年には小野組に払い下げられた。1874年（明治7）になると、深澤雄象、桑嶋新平、速水堅曹らは士族授産として南勢多郡関根（現・前橋市関根町）で研業社（関根製糸所）の開業準備を始めた。梅も、夫の西塚清造とともに関根に行き参画する。同じ頃、梅は前橋製糸所で伝習を受けた星野長太郎の水沼製糸所にも行き、工女たちを指導している。

梅は研業社では「教師兼工女取締」として活躍した。1881年（明治14）4月の上毛新聞に梅が「多年職業を勉励しその功労尠なからずとて金円と賞賜」

された記事が掲載されている。亡くなる直前の1888年（明治21）9月28日、群馬県から表彰をうけた。その文面には「積年繰糸業ニ従事シ、常ニ意ヲ用ユルコト懇切周到、為メニ各地ノ女子其恵澤ヲ享ケルモノ少ナカラス。殊ニ鞠躬尽力該業ノ拡張ヲ謀リ功労大ナリ」とある。

　伝習所の役割もあった前橋製糸所と研業社で、梅が教えた多くの工女たちは各地に広がり、梅の指導は製糸業の発展に大きな功績があったと評価された。

　残された肖像写真の写真立てには「西塚梅子之像　大日本帝国器械蚕糸之開祖」とあり、山梅と号して梅が工女たちを詠んだ「をとめらが　をの子語りのおともなし　おとなしき子や　あつまりにけむ」と「こころだに　広瀬川水きしに咲く　花のかがみは　千代もくもらじ」の2首が記されている。

　堅曹は、自伝『六十五年記』の中で姉の死去に際していう。1888年10月1日、梅は没す——「同人は二十年余製糸業に従事し、関根研業社に於ても維持の力有りたりき、然るに八月上旬より病気にて、終に薬石無効惜む可し、将来此社の事も思ひやらる」と記した（読点引用者）。

　梅は器械製糸の工女指導者の草分けとして、人生の最後まで第一人者としてその仕事を全うした。だが、堅曹の後半の言葉「将来此社の事も思ひやらる」を読むと、梅の存在は研業社の「維持」にとって、いかに必要であったか、しかも梅のいない研業社の行く末を心配して気にかけていることがわかる。関根製糸所北舎にて亡くなる。享年64。子孫には「賢女、聡明な方」と伝えられている。

　墓は前橋市の森巌寺にある。

　墓石には履歴と堅曹の追悼歌「世の人のめでし色香のをふれども　ちりても匂う梅之木のもと」が刻まれている。

（速水美智子）

注
* 1　群馬県蚕糸業史編纂委員会編『群馬県蚕糸業史』上巻、群馬県蚕糸業協会、1950年、681ページ。この本の上下2巻の裏表紙には、1869年5月の錦絵「伊太利領事ラトール夫妻一行前橋藩邸に入る」を使用する。群馬県蚕糸業史専門委員会委員長が庭山定次で、その意向であったかもしれない。
* 2　深沢孝聞書き『機械糸繰り事始め』早稲田商学第140・141合併号、1959年、378、380ページ。

3 母・まつと姉・梅

　速水堅曹は『速水家累代之歴史』で（＊1）、母親のまつのことを記した。つぎの記述は、まつの人生を凝縮したものである。

　「同人［速水仲助］妻まつ、武州入間郡藤倉村名主橋本勘右衛門之末女ナリ、敏且賢ニシテ、機織ニトミノミナラズ、能家事ヲ修メ、本邦ノ歴史ヲ好ミ、其大略ヲ知リ、大學ヲ暗唱シ、精神豪気ニシテ、死ニ至ルノ日迄、子孫ヲ教育シ、實ニ凡婦ニ非ルナリ、堅曹最愛セラレテ恩ヲ亦深シ」

　堅曹は、まつを神のように慕い、尊敬の念を抱いていたことがわかる。母親のまつは武州入間郡藤倉村の名主、橋本勘右衛門の末女として生まれる。生年月日は不明、歿年から逆算すると1801年（享和元）の頃になる。23歳（文政7年）の頃、川越藩士の下級武士、速水仲助と結婚する。まつは1825年（文政8）から1839年（天保10）の間に3男3女をもうけている。早逝の2人を除き、長女の梅、長男の新平、次女の鈴（のち鷹）、3男の堅曹である。

　まず、まつの結婚について考えてみたい。文政年間の藤倉村は、秋元但馬家の領地であった（＊2）。支配関係とは別にしても、松平大和守家の川越藩に隣接しているので日常生活では往き来は多かったと思われる。江戸時代の後半になると、農民の娘が下級武士に嫁ぐのは珍しくなかったようである。まつの結婚は名主の娘であったとはいえ、速水家と関わりのある下川氏、下川又左衛門が関わったという見方もあるかもしれない。

　下川又左衛門元貞（豪太郎）は1866年（慶応2）、藤倉村の橋本家を訪問し、68年（慶応4）には、まつの娘、梅の西塚清造との再婚に関与する（＊3）。家計が苦しかった速水家にまつが嫁いできたことは意味がある。一般の武家社会にないものが得られたと思える。

　仲助に嫁いできた農村出身のまつは、慣れない武家の作法に従いながら家事、子育てに機敏に取り組んだのであろう。農家出の女子が慣れ親しんだであろう機織の技術は長女の梅、次女の鈴に伝えられたと考えてよい。

　家族の動向をみると、長女の梅は1842年（天保13）遠藤鐘平と結婚、長男の新平が翌43年桑嶋家の養子、夫の仲助が1849年（嘉永2）病死、次女の鈴が1859年（安政6）宮澤熊五郎と結婚した。まつは、速水家を継いだ堅曹との生活を続けた。堅曹日記には（＊4）、母親まつに関する記述が多く見られるのはそのためである。父の仲助の死去時、堅曹は「父ハ二年越シノ病気ニシテ終ニ死シ……實ニ孤独ノ窮タリ、唯母ノ賢ニシテ能ク内外ヲ勤メタルヲ以、細煙ヲ立ツルノミ」と記す。まつが夫亡き後は、賢く振舞い家を切り盛りして

いた様子がうかがえる。しかも、まつが堅曹に対し、忠言や激励する姿がたびたびみえる。

　堅曹は1870年（明治3）、日本最初の器械製糸所「藩営前橋製糸所」を創った。姉の西塚梅はこの時、堅曹の片腕となって働き、「師婦」として製糸所の内部を任され、堅曹から全幅の信頼を得ていた。堅曹が後年、生糸に深い関わりを持つに至った原点は、身近なまつが養蚕を手がけていたことにあろう。梅が「師婦」として器械製糸の世界に直ちに順応できたのは堅曹と同じように、蚕糸の知識と実際を手解きされたからと考えられる。

　梅は開港維新期にあって、先端的な器械製糸の技術を会得して、それを伝授できる力量を持ち合わせていた働く女性の先駆けでもあった。梅のもとで働いた深澤雄象の娘、孝は回想して、梅のことを「西塚のおばさん」と呼び、しかも「男まさりの方がいて工場の内部を治めていました」と説明している（＊5）。母親まつの強い性格と重なる。

　梅は、その後にできた器械製糸所「研業社」でも工女取締になり工女の教育に当たった。梅は製糸の心構えとして、兄の堅曹とともに「製糸は良き精神の下で為すべき」という強い信念を持っていた。これは、まつから教え込まれ受け継がれたものだと思われる。

　堅曹は、日記で老いつつある母親まつの病気の様子を伝える。1867年（慶応3）6月22日の条は「六月廿二日母病重シ、廿三日少好シ、又七月十三・四日不可、八月四日危篤タリ、十一日ニ及ンテ少愈」と記す。

　このとき、まつは66歳、その後大病に耐え約14年間、命をつないだ。まつは1880年（明治13）6月20日、80歳で亡くなった。葬儀は東京青山墓地にて神葬で執行された。

　堅曹は、直後の6月23日の条に記す。

　「六月廿日母死ス（中略）廿三日青山エ神葬セリ、母ノ徳タル甚感ス、賤家ニ生レ万苦ヲ忍ヒ、子女ヲ教育シ、今八十年ニシテ眠ル如ク歿ス、末期ニ至ル迄小供等ニ適切ノ教誡ヲ成セリ、寔ニ神女ト云ヘシ」

　文中にある「賤家」とは、農家のことを意味する。江戸時代からの遺制が、近代的文明的であったはずの堅曹の筆に、いまだ無意識に残存していたことがわかる。

　続く7月10日の条で、堅曹はまつの追善供養の際に詠まれた歌を記した。
　　なき多まを祭る以き身の堂ま祭り
　　　　こゝろよきこそ神古ゝ呂那礼　　　　堅曹

身もあとも残る光りや飛ほ多る　　　　　山梅〔西塚梅〕

神よめく客や祭りの夕涼　　　　　　　　堅曹

（小林春樹）

注
＊1　『速水家累代之歴史』。
＊2　『武蔵国郡村誌』第四巻、埼玉県立文書館、1954年
＊3　『速水堅曹履歴抜萃　甲号自記』
＊4　『速水堅曹履歴抜萃　甲号自記』
＊5　深沢孝聞書き『機械糸繰り事始め』（『早稲田商学』第140・141合併号、1959年、
　　　380ページ）。

4　西塚梅と西塚清造

　西塚家の墓地は、前橋市昭和町の浄土宗森巌寺にある。

　梅の夫の父で西塚清造、梅と清造夫妻の墓石、灯篭、梅の子供である遠藤鏘平、遠藤きくと速水姓の名前もある。

　森巌寺は1628年（寛永5）、徳川家康の次男である秀康の菩提のため、松平大和守初代の松平直基が創建した。藩主ら、関係者の位牌寺で、藩士の葬祭も行なってきた（＊1）。殿様とともに各地を回って、1867年（慶応3）には川越から移ってきた。秀康の意とは別に、家康から徳川家は浄土宗である。法名を浄光院殿前黄門森厳道慰運上大居士とし、そこから寺名がつけられたとされている（＊2）。

　ところで、西塚夫妻の墓石の左側面には、梅の生涯が刻印されている。つまり、出生から西塚に再嫁し、国産製糸に従事、県から表彰されたことなどである。これらの文面からは、日本史の教科書に富岡製糸場では旧藩士の子女が工女になったと書かれていたので、梅は製糸に貢献したのであろうと自分勝手に思っていた。それ以上、梅について調べることは長年しなかった。

　さらに、その墓石の背面には「よの人の　めでし色香の　をふれども　ちりても匂う　梅の木のもと　堅曹」と和歌が彫られていた。これは、堅曹が姉の梅を追悼したものである。速水の家族はいろいろな場面で、多くの和歌を残している中で、堅曹にとって特別な一首であったと思われる（＊3）。

　この「堅曹」という名前は実は、一つ置いた隣の「遠藤勝好累代之墓」の側面にもある。堅曹から謡曲を学んだ旨が彫られている関係で、堅曹というひとは謡曲を教える人と、長い間認識していた。

ところが、前橋市教育委員会が、市内の歌碑の写真展を行った。そのために西塚家の墓石の歌碑を出展してもよいか、とのお話が森巌寺のご住職からあった。出展後の1997年（平成9）、その展示状況の写真をいただく。そこの説明文によると、堅曹が富岡製糸場の所長をして、日本の製糸業で大きな功績を残したと書かれていた。はじめて知る事実であった。

そこで、どのような人物であるかを調べるため、群馬県立図書館の郷土史コーナーに行く。鈴木和一著『機械糸繰り事始め』をみつけ（＊4）、調査を深めることができた。すなわち梅は富岡製糸場ではなく、日本で最初の器械製糸所である藩営前橋製糸所で、スイス人ミュラーから器械製糸の技術や運営を学び製糸に貢献したことがわかった。

当時、富岡製糸場を世界遺産にしようとのニュースが出始めた。それに刺激されて、従弟妹たちに渡すため、速水堅曹に関する小冊子を2001年（平成13）1月に作った。しかし梅に関しては、ほとんど記載することができなかった。その後、速水堅曹研究会や富岡製糸場世界遺産伝道師協会の活動を通して知見を広げることになった。

私の高祖父、西塚清造と遠藤梅は1868年（明治1）9月に結婚した。両人とも、妻を1860年（万延元年）、夫を1859年（安政6）に亡くした後の再婚同士である。2人の誕生は、1826年（文政9）と1825年（文政8）なので同じ世代を過ごしてきたことになる。

10歳代で、1840年（天保11）の三方領地替えの発令では庄内への移転の準備を始めたものの、翌年急に中止となったことを経験している。アヘン戦争〈1840年〜42年〉の情報では外国の動きに関心を募らせたかもしれない。

梅は1842年（天保13）、遠藤鐘平と結婚し4男2女を得た。1846年（弘化3）は7月に第1子を失い、12月には次男を生んだ。この年、夫を相州警備に命令された川越藩士503名の1人として送りだし、留守を預かった。

1859年（安政6）、夫の鐘平が病気で亡くなった後、家督を継いだ遠藤鏘平の家族は祖母、母である梅、弟、妹二人の6人となった。その後、祖母チセは1866年（慶応2）に亡くなった。

1867年（慶応3）に前橋に移転した。その前年の1866年（慶応2）6月3日、藩の年寄の下川氏とともに堅曹の家族は母、まつの出生地である藤倉村を訪れた（＊4）。家族は遠隔の前橋への移転先では、2度と来ることができない地である藤倉村と、会うこともできないであろう人々との別れである。下川のお供をしたことを光栄に感じたとともに、別れの辛さを感じたのではなかろうか。

武州一揆がその直後の6月15日に起きるなど、不安な状況での前橋への移転であった。

　梅は夫の鐘平を相州警備、弟である堅曹と次男の遠藤鏘平を1864年（文久4）と1866年（慶応2）に京都へ送り出している。梅は、不安な留守を過ごしつつ、外国をさらに意識し、相州や京都での滞在、その道中での状況も身近に聞くことができたと思われる。武家の将来のことにも、思いをはせることになったであろう。

　前橋という未知の初めて踏む土地に移ったことも、将来の行く末を考える契機になったのではないか。

　1868年（慶応4）、遠藤家の家督を相続した梅の息子、鏘平が結婚した。

　一方、西塚清造は、妻を失った後に、父の清造親寶を1868年（慶応4）3月1日に亡くす。このような両家をめぐる状況が、両人の再婚したときの背景である。両人の再婚は8月29日、家老の下川氏の勧めによるとされている。再婚直後の9月1日、弟の堅曹は速水家念願の、お目えを果たした（＊4）。横浜でのジャーディン・マセソン商会との裁判対応や製糸関係の交渉活動が始まった。子供の鏘平は前橋藩の代表として、イタリア公使一行を1869年（明治2）5月に迎えるという大きな仕事をしている。

　清造と梅は1870年（明治3）、日本最初の器械製糸所である藩営前橋製糸所設立に当たり、深沢雄像、速水堅曹の下で、スイス人ミュラーからイタリア式器械製糸法を学ぶ。器械製糸所の立ち上げに力を注いだのである。梅はこのとき、女性として西洋人に学び始めた先駆者であったといえる。津田梅子ら女性が留学のため、岩倉米欧使節団とともに渡米したのは1871年（明治4）の年末である。

　現代の新鋭自動製糸器械で採用している糸の抱合方式、ケンネル式を藩営前橋製糸所は、最初に指導を受けて採用している。生産性が高く良い糸を作るため、富岡製糸場もフランス人から教わった方式を変えてケンネル式に変更したほどである。

　器械製糸を採用したことで、工女は、座繰り製糸での、糸の巻枠を回し巻き取る作業がなくなった。そのため繭からの糸への作業を両手で行うことができるようになった。それでも良い糸を短時間で多く挽くことには、人によって差が出た。その点、梅は自分が実際に作業したことで、器械製糸の技術の難しさを知り、良い糸を作るには作業に気持を集中することの重要さを強く感じ取ったと思われる。

そこで良い糸を作ることに気持を集中するため、梅の助手を務めた深沢雄象の娘、孝が伝えた梅の言葉がある――「品位ある糸は礼儀を欠き作法くづしては出来るものでない」と、梅は師婦として工女を指導するにあたっての基本としたのではないかと思われる心得である（＊5）。

　藩営前橋製糸所は、廃藩置県で終了した。1874年（明治7）に深沢雄象、桑嶋新平、堅曹のもとで、清造もかかわり関根村に土地の選定と契約をし、研業社がはじめられた。ここでは製糸のみでなく養蚕もおこなった。これは、良い繭でなければ良い糸はできないとの考えが反映された。研業社においても梅は、教師兼工女取り締として社内の業務を果たすとともに、各地から来た伝習生の指導にも当たった。

　1876年（明治9）、弟の堅曹をフィラデルフィアへ万博の審査員のため送りだし、翌77年に、3男の遠藤謹承を西南戦争へ出兵させた。堅曹の行き先がアメリカであることは、心配に思ったことであろう。謹承も戦争に送り出したことで、心の休まらない2年間であったと推定される。だが、梅は熊本からの謹承の手紙を書き写させ、家族の心配だけでなく戦地の様子に対しても強い関心を示した。家族が皆和歌を残すような下級武士の家であったように、教養やたしなみを常に心がけていた。他の人に弱音を吐くことなく、家族や工女たちに対しても凛とした態度で接した女性であった。

　梅は1888年（明治21）10月1日、研業社の北舎で亡くなった。翌年の1周忌に当たっては、西塚家の家督を継いだ清造の孫にあたる熊太郎の名で墓石が建てられた。そこに、墓誌と堅曹の和歌が彫られた。熊太郎は15歳で、後見人の遠藤鏻平らの力を借りて墓が建立されたと考えてよい。熊太郎は1895年（明治28）遠藤鐘平、梅夫妻の次女であるきくの長女、せいと結婚した。清造、梅の再婚によりできた縁戚関係は、さらに血縁関係でも速水家、遠藤家、西塚家がつながった。

　　　　　　　　　　　　　　　　　　　　　　　　　　　　　　（西塚晶彦）

注
＊1　『速水家累代之歴史』
＊2　松平大和守研究会編『松平大和守家の研究』、2004年。
＊3　『機械糸繰り事始め』群馬県議会図書室自館複製（登録第 13755 号）
＊4　『速水堅曹履歴抜萃　甲号自記』
＊5　前掲『機械糸繰り事始め』、380 ページ。

5 西塚・山尾家と下川家のつながり

　16世紀後半の東アジアは教科書風にいうならば、中国を中心とする国際秩序が明朝の衰退で崩れつつあった。そのなかで豊臣秀吉は1590年、日本全国を統一して、日本を東アジアの中心にする新しい国際秩序をめざした。

　秀吉は1587年、対馬の宋氏を通じて、朝鮮に対して入貢と明への出兵をするための先導役を求めた。だが、朝鮮はこれを拒否する。そこで、秀吉は1592年に、15万の大軍を朝鮮に派兵した（文禄の役）。

　さらに秀吉は1597年、14万余の兵を朝鮮に送った（慶長の役）。最初から苦戦を強いられつつ、秀吉が翌年に病死するや、撤兵した。この7年余にわたる秀吉軍の朝鮮出兵は国内的には、豊臣政権を衰退させる一因となった。

　この文禄・慶長の役の、前線で奮闘したのは秀吉からの信頼が厚かった子飼いの加藤清正であった。それを肥後熊本で支えたのは、留守居家老としての下川又左衛門（元宣）である。のちに川越藩、前橋藩の重臣を務めた下川又左衛門（元貞＝豪太郎）の先祖である。下川氏は1587年（天正15）、清正が肥後に入部したころから従った。熊本で朝鮮に向けた軍需品調達や本陣の置かれた名護屋との重要な連絡を担った（＊1）。

　清正が1611年（慶長16）に亡くなった以後も、加藤家は父子二代にわたって、徳川将軍家との姻戚関係を結び、豊臣大名としては安堵感があった（＊2）。下川氏も、引きつづき、清正亡き後の、嫡男の忠広政権を支える重臣の「三羽烏」となる（＊3）。

　下川又左衛門（元宣）は1612年（慶長17）に死去した。その後、子である又左衛門（元知）がその地位を継ぐ。三羽烏のなかでも、下川氏は知行取りが約一万石で、軍事力の中心というよりも政務の中心人物であった。いわば「執政の頂点にあった年寄役＝家老」である（＊4）。

　そのためか、徳川幕府が1632年（寛永9）6月、忠広に「改易」処分を下したとき、下川氏は家老の加藤右馬允とともに、国許の熊本城代に城明け渡しを告げるべく派遣された（＊5）。

　忠広は庄内、その子光正は飛騨に配流となる。数千人の加藤家家臣団のうち、庄内に付き添った家臣は20余名であった。それ以外はすべて召し放たれた。それに対して、下川氏、その家来の西塚らは1648～49年ごろの慶安初年中、松平大和守2代直矩が姫路城主の時期に、その家臣になったと伝えられている（＊6）。改易されたとはいえ、かつての肥後公儀高54万石の加藤忠広政権は徳川将軍家との関係が厚かったがゆえの処遇であったのであろうか。

ところで、西塚家には、先祖より伝えられている西塚姓代々霊位（過去帳）がある。それによると、1665年（寛文5）没の仏の戒名が始源で、1838年（天保9）歿の男子の仏まで男性10名、女性6名、子供1名の戒名と没年月日のみが記されて残っている。どのような人物でどのような関係であったかは不明である。

　寛文から天保の間、約180年で松平大和守の殿様は8代、下川氏は8代が家系をつないでいる。

　西塚家の場合、戒名が残されている仏を1代と数えるとすれば、男性の戒名、寒光院梅山道栄居士（1670年＝寛文10）11月20日歿）がそれである。西塚家の祖として数えて、1838年（天保9）までが10代であった。女性の戒名の数からすれば6代ということになる。いわば、6〜10名が西塚家の家系を継いできたのではないかと推定される。

　10人目の男子「真定院實興正善居士」が1838年（天保9）に亡くなったその年には、山尾清造親寶が西塚家を継いだ。その長男が後に、遠藤梅と再婚した新太郎と称されていた清造親信である。

　山尾氏は奥州須賀川城主二階堂因幡守の臣、山尾治右衛門の末孫である（＊7）。白河在住の山尾五大夫が1692年（元禄5）に下川氏の家来として松平の家臣となった。1743年（寛保3）6月20日姫路で亡くなった。心月院清好雲信士。昭和戦災前の森厳寺には位牌があったといわれている。

　2代は五太夫の長男、山尾忠七である。姫路で生まれ前橋をへて1804年（文化元）10月26日川越で亡くなった。釈晋山信士（墓所川越の栄林寺）。忠七に男子がなく娘の夫、神東清太夫を養子にして、山尾の3代目とした。1795年（寛政7）川越で生まれ1804年（文化元）山尾家の家督を相続した。1835年（天保6）浮下格被仰付、同所手代被仰付などの後、御暇となって鴻巣駅に尊院流筆道の師匠となり居住した。御役御免となっていた1838年（天保9）、下川家からは16石を賜り西塚家を継ぎ西塚清造親となった。

　その正月、西塚家になった清造を家来として、来客の松平下総守の家来に面会させた下川豪三郎の記録もある（＊8）。1843年（天保14）、相州浦賀陣屋でお目付および郡代所加勢兼務などを仰せつかって、川越に戻っている。1867年（慶応3）11月に松平下総守の家来が来たときも、家来の西塚清造は由緒があるので面会させるようにした御年寄下川又左衛門の記録がある（＊8）。清造親寶は1868年（慶応4）1月に亡くなった。清造親信が妻を失った後に、遠藤梅と同年の8月に再婚した。

最後に付言しておきたい。西塚家の来歴と山尾、下川との関係については、梅の3男である遠藤謹承が1921年（大正10）、記録や文献を調査したものが残っていた。それを清造親信の曾孫、私の父に当たる西塚清が『西塚家の記録』として1970年（昭和45）にまとめたものである。　　　　　　　　　　（西塚晶彦）

注
＊1　中島雄彦「加藤清正書状　下川又左衛門宛（文禄二年）八月八日」（『尾陽─徳川美術館論集』第8号、2012年、63ページ。
＊2　『新熊本市史』通史編第3巻、2001年、167ページ。
＊3　同上、174ページ。
＊4　同上、177ページ。
＊5　水野勝之、福田正彦『続加藤清正「妻子」の研究』ブイツーソリューション、2012年、157ページ。
＊6　中島雄彦、前掲論考、63ページ。稲葉朝成『稲葉家の六百年（結城松平家臣団）』、2015年。
＊7　西塚清『西塚家の記録』、1970年。
＊8　『前橋藩松平家記録』

6　甥・遠藤鑰平

　遠藤鑰平は1846年（弘化3）12月21日、武蔵国川越中赤座、現在の川越市小仙波にて、川越藩士遠藤鐘平、梅の次男として生まれた（＊1）。幼名は鑰次郎。長男、林太郎は早逝した。梅には弟の桑嶋新平、速水堅曹、妹の鈴（のちの宮澤鷹子）がいる。
　鑰次郎が生まれたこの年、父の鐘平は異国船来航による警備のために相州に出張した。鑰次郎は7歳のとき、6歳違いの叔父、速水堅曹（当時、惣三郎）から、読書を学ぶ。8歳にして坂口鉄五郎から手跡など学んでいる。14歳の1859年（安政6）、父が病気で亡くなって家督を相続する。
　相続時の家禄は不明である。1852年（嘉永5）の「子給帳」によると（＊2）、鐘平の家禄が米7石2人扶持であったので同様であったと推測できる。『遠藤家系図書』によると、遠藤家は松平大和守家の姫路時代＝松平明矩からの家臣で、鑰平は初代から数えて5代目の当主に当たる。
　遠藤家は下級武士で代々武術に優れ、2代以降は長柄杖突の役職にあった。速水堅曹は日記のなかで、1843年（天保14）姉の梅は「遠藤鐘平ニ嫁ス同家ハ長柄杖突タリ／素縁有リ重縁ナリ」と記す（＊3）。つまり、速水家の系図『速

水ノ景図』に、5代当主成信の兄茂助の子、千せが遠藤家3代当主栗右衛門に嫁したことが記され、以前から遠藤家は速水家と「重縁」の親戚関係でつながっていたことがわかる。

　鑓平が家督を相続した当時は祖母（千せ）、母（梅）、弟（録三郎のち謹承）、妹（三加）、妹（きく）が同居、都合6人暮らしであった。家計は苦しく、母の助けを得て三反歩の畑を耕し、朝は未明から日が暮れるまで働くという状況であった。当時鑓平が世話になった人は叔父の堅曹、桑嶋新平、小林積平、山田政治で、とくに堅曹は父親の如く鑓平の面倒をみた。

　鑓平たちが生まれ育った川越の中赤座付近は、足軽や下級武士の長屋からなる住居地である。親戚が皆近いとこに住み、家族のようにおたがいに助け合う環境にあった。

　1862年（文久2）5月、17歳のとき、堅曹や父方伯父の野口治兵衛の世話で藩より御賄所当時加勢を仰せ付けられた。これが、鑓平にとって初めての仕事になった。1862年（文久2）11月、藩主の直克による藩政改革＝兵制改革がおこなわれ、鑓平は岩倉弥右衛門のもとで銃隊に所属した（＊4）。川越市の氷川神社所有で1864年（元治元）9月に作られた「高島流砲術額」には（＊5）、岩倉弥右衛門の門下生のひとりとして鑓平の名が記される。

　1865年（元治2）6月、19歳で、責任者の速水堅曹に連れられ天狗党の降参人を引き取るため、上総国大多喜（千葉県夷隅郡大多喜町）に出張した。松平家藩日記によると、堅曹に100疋、鑓平に3朱の手当てが藩より支給されている（＊6）。

　1866年（慶應2）10月〜12月、藩主松平直克は京都警衛を命ぜられたが上京せず、老中の沼田杢之充が代わりを務めた。鑓平は、同行を命じられ沼田杢之充に付き添った。同年10月1日川越を出発、同月6日には総勢210名で江戸表を出立し、同月14日に京都に到着する。鑓平の宿泊所は、川端仁王門下ル町の白木屋喜三郎宅で、7人が宿泊したことが記録されている（＊7）。京に滞在中、鑓平がどのような役目を果たしたのかは不明である。

　この警衛は翌年3月まで延長の予定であった。だが実際は1867年（慶應3）1月17日に御用終わりとなり、順次帰途につく。鑓平の履歴では2月に帰宅した。鑓平は京都から江戸までの帰途の際、道中方を命ぜられる。宿場での代金支払い明細を「従京都至江府代傳馬帳」として家宝のごとく丁寧に保管し子孫に残した（＊8）。鑓平が道中方の仕事をきっちりとこなした達成感や自負心を感じとることができる。この実務経験は鑓平をして、その後の人生に多大

な影響を与えたといえよう。

その頃、前橋城本丸が 1866 年（慶応 2）12 月に完成すると、藩士も前後して川越から前橋に移住した。遠藤家も、翌年の 1867 年（慶応 3）4 月 20 日、前橋に移住した。場所は履歴に「松竹院前江普請致ス」とある。現在の前橋市三河町である。引っ越し作業は履歴によれば、多大な費用がかかったことがうかがえる。

──「川越引越ノ節ハ、遠藤家ノ財産、家屋、畑共悉皆、金四十五円ニ売払致候得共、家内多ト申シ、荷物モ多キ故、諸入費ニ支払、前橋着ノ上ハ御貸宅中不残遺払申ス」

鏘平は 1867 年（慶応 3）10 月、父鐘平の弟である山田政治の長女キンと駆け落ち、翌 68 年 6 月 25 日に結婚する。この結婚は結果として長続きしなかった。翌年の 69 年、離婚にいたる。鏘平は履歴で「不熟ニ付」と記して、本人の未熟さを認めている。

鏘平が結婚した頃、藩は新政府に組み入れられた大変な時期であった。1868 年（慶応 4）6 月 28 日から 7 月 5 日にかけて、鎮撫所付の命令で維新の主旨を説明するために、中沢嘉平とともに村を巡回、説諭に当たった。身内でも大きな変化が起きる。年寄の下川又左衛門の薦めで、母親の梅は又左衛門の家臣、西塚清造と同年の 8 月 29 日、再婚した。

一方、23 歳の鏘平は 1868 年の 9 月 22 日、明治新政府の藩政改革で、郡代手代を仰せ付かる。叔父の速水堅曹は藩命で、生糸関係の仕事を仰せられ横浜行きが多くなった。その年末年始は、ふたりで陣屋のある松山で過ごす。

堅曹は年始め、1869 年元旦の日記に「正月元日在松山、鏘平ト祝盃ヲ酌ム、同二日帰宅ス」と記す。堅曹と鏘平は、年始の泊まりこみで重要な話をしたのではないか。堅曹は、自分や身内の従兄たちが生糸関係に深く関与する中で鏘平に対しても、親族の一員としても協力して力になってほしいと説得したのかもしれない。

69 年 4 月 27 日、前橋藩は内外 2 局の設置、民政、会計の改革を経て改革の帰結ともいうべき 6 局設置という改革を実施した（＊9）。鏘平は 24 歳、藩より民生局書記頭取、同勤務中に小遊隊、砲隊も仰せ付けられている。

この改革がおこなわれた翌月の 5 月 4 日、イタリア公使ドゥ・ラ・トゥール伯爵一行が前橋を訪れた。目的は蚕種、養蚕の視察である。このとき案内役を務めたのが鏘平である。駒形から前橋城下まで馬に乗って案内している。この外国人訪問の可否については、藩では揉めたようである。

前橋市史第3巻には、次の記載がある（524ページ）。

「藩側の世話役を勤めたのは道中方であった遠藤鏘平で、当時24歳の青年武士であった。

まだ外人を夷狄とする考えが残っている時、公使一行の受け入れには、藩の中でこの青年の保守派説得があったといわれる。」

だが、この論の後半は、今日の私たちの研究では、そのまま受け入れることができない。この記述の下敷きは、庭山政次の論稿に影響されすぎているといわねばならない（＊10）。遠藤鏘平の背後では、この数年来の生糸貿易推進派としての速水堅曹が積極的な受け入れの論陣を張ったと考えた方が納得がいく。

すなわち、この鏘平の案内役抜躍について京都警衛の道中方での仕事ぶりを援用し堅曹が適役として推薦したのではないかと思われる。保守派説得についても、堅曹は藩の財政再建策＝産業振興政策である生糸貿易に関わり、藩の上層部から信任が厚いことが背景にある。堅曹は、公使一行が来橋した5月4日の日記で「伊多利人来、之ヲ予亦尽カス」と記したほどである。自らの手柄を滅多にいうことがない堅曹にしてみれば、その記述は自負して余りある。

ところで、このイタリア公使一行を前橋城下に迎い入れた様子を描いた錦絵が遠藤家に残されている。ここに鏘平の姿を見ることができる。鏘平は案内役を務めた。その錦絵は現在、群馬県立文書館に寄託されている。

一方、一部の攘夷の考えが強い親族からは、この行為を非難され、イタリアからの招待話も周囲から止められたようで、鏘平の心は複雑に揺れ動いたと察せられる。鏘平の履歴では、このイタリア関係はまったく触れていない。子孫にも伝えられていなかった。

1869年（明治2）、5段階の族籍ができ、25歳の足軽、鏘平は1870年（明治3）に卒族となった。翌年の廃藩置県では1871年10月28日、前橋県の貫属士族になった（＊11）。鏘平は履歴で次のように記す。

「明治四年、御政変ニ付職ヲ辞シ商方ニ従事シ、生糸、并ニ古衣商ニ従事シ、中川町ニ出店ス。明治四年武州入間郡飯能村七、山田半右衛門娘、さ多ヲ娶ル」

文中の「御政変」は1871年7月14日の廃藩置県のことである。このとき、鏘平は商人の道を歩むことになった。生糸、古着の商売に従事し、中川町に店を持った。武州飯能村の山田半右衛門の長女「さ多」と再婚した。

だが、同年の堅曹の日記では「八月一五日　鏘平茶亭ノ姉ニ恋着ス、之ヲ宮澤姉ヲ以責シム」「九月十日　鏘平、金ト色トノ為精神惑乱ス」とある。鏘平

が新しい時代の「金」と「色」の魔力にとらわれてゆく姿が浮上する。この時期が、鏥平にとっては人生の大きな転換点であったと思われる。履歴によると、中川町に出店後は「宿屋及川魚問屋ニ転シ、営業中焼失致シ其後、穀商ニ転ス」とあるのみである。

　1904年（明治37）発行の『群馬県営業便覧』によると、前橋市中川町で、薪炭商を営んでいたことを伝える（＊12）。鏥平は商売を何度か変えていることから「武士の商法」といえるかもしれない。伝えられているところでは鏥平は「これからは商人が活躍する」という考えで、娘5人を商人に嫁がせた。

　ところで前橋市が誕生する前の1890年（明治23）6月、前橋駅に通ずる道をめぐって道路開通の是非問題が発生し、町を二分する騒動になった（＊13）。中川町の住民である鏥平は、商圏を守るため非開通派として反対運動に加わった。騒動は10月ごろ収まった。反対運動に加わった41人は、同年11月に逮捕された。鏥平の名もある。

　履歴によると、逮捕は11月3日で、打ち毀し騒ぎの嫌疑を受け入牢した。35日で釈放された。翌91年に無罪になった。同年2月の第2回町会議員選挙では、中川町の組長として立候補して、選挙活動を開始する。鏥平は二級15名の中の1人として当選した。一級は9名で等級は納税額による。道路開通騒動で逮捕されたものの商圏を守るための主張や彼の人望が当選に結びついたと思わる。

　鏥平は1891年（明治24）、市制施行請願の運動委員となり、協議会にも出席、本格的に議員活動を始める。1892年（明治25）4月、第一回の市会議員選挙に定数50人のうち、47歳で当選した（三級被選挙人）。以後第三回まで連続当選、55歳の1900年（明治33）12月に途中退任した。8年8カ月、市会議員を務める。議員時代は常務委員として学務委員、伝染病予防委員、臨時委員としては前橋市役所建築委員、上越線布設委員などの各委員を務めた（＊14）。

　鏥平の家族のことに触れると、さ多夫人との間に5男5女をもうけている。長男が早く亡くなった。次男の義太が跡を継ぎ、三男の貞次郎は山田家に養子に出た。娘たちは商人に嫁いだ。鏥平の妹、ミ加は二度の離婚、夫の死去、子もなく不遇な生活を送った。兄の鏥平の家に身を寄せている時期もあったが、さ多夫人との反目で、鏥平も苦労したことを伯母が手記に記している。

　鏥平の家族には、宝生流の謡曲が存在した。鏥平は、謡曲を川越時代から習っていたと思われる。前橋に来てからは、旧前橋藩能役者の日吉由吉が有志青年を組織して結成した前橋謡曲会（宝生流）に加わっていた可能性がある。

1892年（明治25）年11月3日、鏘平が市会議員になって半年後に高山彦九郎（生誕）100年の行事があった。臨江閣にて、竹生島、七騎落、鉢木などの演題で、能を演じていることがわかる（＊15）。この能公演には四男の虎雄が加わった。息子たちに謡曲を習わせていた。次男で跡取りの義太が謡曲の教師、五男の勝好は宝生流謡曲家になった。

　鏘平は1900年（明治33）12月、市会議員を辞めてからは商売と謡曲の2本の柱で過ごしていたと思われる。70歳になった1915年（大正4）、商いをやめて、家督を跡取りの義太に譲った。大塚町の持ち家に隠居する。80歳になった1925年に、遠藤家の墓を川越から前橋の正幸寺に移転させる。亡くなる年の1927年（昭和2）の5月に『遠藤家系図書』をまとめ上げた。晩年の数年間に書き上げたものと思われる。同年9月25日、大塚町の隠居宅で亡くなった。享年82。

　戒名は「謡吟院良誉澄月俊道居士」。生涯にわたって謡を嗜んだ彼の人生を表す。

（小林春樹）

注
＊　1　遠藤鏘平『昭和二年五月遠藤家系図書』1927年。文中で「履歴」とたんに記す場合はこの『遠藤家系図書』のことを示す。
＊　2　『前橋市史』第6巻、前橋市、1985年、297ページ。
＊　3　『速水堅曹履歴抜萃　甲号自記』
＊　4　布施賢治『下級武士と幕末明治』岩田書院、2006年、157ページ。
＊　5　『黒船来航と川越藩』川越市立博物館、1998年
＊　6　『川越藩松平大和守家記録』前橋市立図書館所蔵
＊　7　『前橋藩松山陣屋(京都警備の記録)』松山陣屋研究会、1979年
＊　8　「従京都至江府代傳馬帳」遠藤鏘平、1867年
＊　9　『前橋市史』第3巻、前橋市、1975年、1135ページ。
＊10　庭山政次はいう──「多数派の攘夷論に対立して、進取開国の主張をふり翳し、二十四歳の青年武士〔鏘平〕は起つて武士階級の必然的な滅亡、新しい階級の抬頭、諸外国との交易による国運の全的な発展、つまり新日本の行くべき道と、これに処さなければならぬ最善の方法につき非常に明確な認識を持つ身にとつて保守論を克服することは、とりも直さず、武士階級の明日へ更生する道を発見することであつた。己の信念を貫くに彼〔鏘平〕は燃え立つ情熱を感じたに違ひない」と（庭山政次「始めて前橋へ来た異国人」『上毛文化』第15号、1937年6月、27ページ）。この論法は遠藤家の身内からすれば、鏘平を最大に評価してくれるのはうれしい。だが、私たちの研究では、実態は鏘平だけを過大に評価しすぎている。堅曹が藩の首脳部を説得する論法であるならば、頷けるものの、堅曹の姿が微塵もないことを問題としなければならない。
＊11　「旧藩貫属明細短冊帳」前橋市立図書館

＊12 『群馬県営業便覧』全国営業便覧発行所、1904年
＊13 『前橋市史』第7巻、前橋市、1985年、1133ページ。
＊14 『前橋市史』第4巻、前橋市、1978年、254、258、268〜269ページ。
＊15 『前橋市史』第5巻、前橋市、1984年、504ページ。

7　甥・遠藤謹承と西南戦争従軍記録

　遠藤謹承という名前をはじめて知ったのは私の母の祖父、遠藤鏘平の除籍謄本である。

　謹承は鏘平の弟で、速水堅曹の甥になる。録三郎という人物が後の遠藤謹承である。遠藤本家に残されていた『遠藤家系図書』には（＊1）、謹承を記した箇所に年代は不明だが「現今、東京下谷区初音町3丁目15番地に住居」とある。

　私は2007年12月6日、東京都台東区役所を訪れて、その地番を現在の住所と照合した。今もこの地に遠藤宅があることが判明し、谷中の遠藤宅を訪問した。突然の訪問にもかかわらず、謹承の曾孫に当たる遠藤正承氏と母親の寿枝さんは、快くご対応してくださった――「曽祖父のことでしたら西南戦争に関するものが2冊残されています」と『西証事状』（＊2）『鹿児島戦争中日記』（＊3）を拝見する。

　桑嶋、西塚、速水らの名前が登場し、感動を覚えた。正承氏は承の一文字を謹承から受け継ぎ、先祖調べに関心が高く、手書きの家系図のメモを作っていた。先祖から伝えられている謹承、長男の鈕太郎の性格などもお話をしてくれた。

　後日、谷中の遠藤宅を再訪する。正承氏には菩提寺の谷中の霊梅院をご案内いただき、謹承の墓参りができた。正承氏はその後も、遺品を整理していたらこのようなものが見つかったと、たびたびご連絡がきた。そのおかげで、遠藤謹承の人となりがわかってきた。

　さて、『遠藤家系図書』をもとにして、新たにわかった史料や情報も勘案して遠藤謹承の生涯を追ってみたい。

　遠藤謹承は1854年（嘉永7）1月14日、川越藩士の遠藤鐘平と梅の三男として武蔵国川越中赤座（現・埼玉県川越市）に生まれた。幼名は録三郎、後に謹承となる。兄の鏘平は遠藤家の家督を継ぎ、その後は商人の道を歩む。母方の叔父は藩営前橋製糸所を開業し、富岡製糸所所長を務めた速水堅曹と、桑

嶋新平がいる。1859年（安政6）1月に父の鐘平が亡くなって、遠藤家は苦しい生活を強いられる。

　録三郎は1867年（慶応3）13歳で、松平大和守家より「老中坊主」を仰せ付けられ、一人半扶持を賜る。同年4月、藩の移転に伴って家族と共に前橋に引っ越す。翌年の8月、母の梅が西塚清造と再婚した。遠藤家には録三郎をはじめ幼い子供が残されて、叔父の速水堅曹などが面倒を見る動きが堅曹の日記からはうかがえる（＊4）。

　たとえば1871年（明治4）6月22日の条に「遠藤録三郎石濱家エ養子ノ談、阿新ノ我侭ヨリ破ル」とあるように、堅曹は録三郎に妻の実家、石濱家への養子の話を持ちかけている。この話は破綻になった。その直前の6月15日の条に「録三郎へ洋学修業料トシテ月々金弐百疋ツヽ遣スコトニ決ス」という具合に、速水家は録三郎の洋学修業のため、毎月200疋を支給するという話がある。だが詳細は不明で、洋学を学んだという痕跡も残念ながら見つかっていない。

　ただ堅曹にしてみれば、甥の謹承を自らが誠心誠意尽力している生糸関係の仕事に就かせ、いずれは海外に派遣するという心づもりの構想があったのかもしれない。

　1874年（明治7）20歳、謹承は徴兵に応じた。77年（明治10）には西南戦争が始まると、謹承は同年4月に、23歳で東京鎮台後備歩兵第一大隊の一員として従軍する。この西南戦争に従軍した際の史料2点がご子孫の遠藤正承氏宅に残され、そのうちの一点は『西証事状』である。謹承が戦地から叔父の桑嶋新平など親族宛に送った手紙をまとめたものである。

　同年8月の叔父宛の手紙は、大隊本営付を申し付けられ、後の死命役は免れたことを母親の梅にも「御辨明」くださいという内容を記す。母親を安心させたい気持が表れる。この史料には謹承からの手紙の返信に添えたという母、梅の和歌が載っている──「汗しぼる　身はいとしげに思えども　君がためには忠義尽くせよ」と。

　1884年（明治17）8月、30歳のときに撮られた肖像写真の肩書は歩兵伍長である。その後、歩兵軍曹をへて歩兵曹長となる。歩兵曹長時点の1886年（明治19）、32歳の謹承は階行社で陸軍大射的會優等褒賞を拝受する。最終的には東京鎮台歩兵第3連隊小隊副長の地位で終えた。

　1887年（明治20）4月27日、旧安中藩士の、吉田信行の五女「よね」と結婚する。謹承は33歳である。この結婚に関わったのが叔父の速水堅曹であることはほぼ間違いない。その繋がりの背景としては、富岡製糸場がある。

1881 年（明治 14）2 月 15 日の堅曹の日記には「此日富岡ノ木路ノ会議ナリ、予演説ヲ成ス」とある。木路とは高崎〜富岡間の木道馬車のことで、木道馬車会社設立の発起人の中には、安中駅代表の吉田信行の名がある（＊5）。堅曹と信行の接点が見出される。

　信行の娘「よね」は富岡製糸場で工女をしていたことも正承氏からうかがう。1881 年（明治 14）〜 83 年当時、富岡製糸場で堅曹の下で仕事をしていた旧小幡藩士の小島敬善がよねの妹と結婚したことも、堅曹が謹承の結婚に関わったことを示唆する。

　1888 年（明治 21）、軍人としての 13 年の勤務を終えて恩給を賜りお役御免となる。同年 8 月に母親の梅が亡くなった。謹承は、叔父の桑嶋新平が告別の際に詠んだ歌のメモを大事にとって置く。同年 11 月 34 歳で、遠藤家の戸主で兄の鏘平の家から分家した。

　ところで鏘平の子孫宅に『晝錦堂記』というタイトルの習字の手本がある。謹承の名があった。鏘平の家から離れる際にそのまま残していったのであろう。

　1889 年（明治 22）、長男、鈕太郎が生まれる。1891 年（明治 24）には、謹承は隠居願いを役所に提出して、長男の鈕太郎が家督を継ぐ。謹承が 37 歳で、鈕太郎は 1 歳である。隠居後は何をしたのかはわかっていない。ご子孫のお話によると、吉田信行三女の夫、高橋萬右衛門と謹承ら 5 人は鳴子温泉の試し掘りの申請を農商務省の陸奥宗光あてに出したということが伝わる（1891 年前後か？）。詳細は不明である。

　高橋萬右衛門は群馬郡清里村青梨子（現・群馬県前橋市青梨子町）の人で、養蚕組合碓氷社に勤務し、父親は上州座繰製糸器械の考案者で有名な高橋邦七である（＊6）。1892 年（明治 25）に長女、ふくが生まれる。1899 年（明治 32）1 月、44 歳のときには、よねと離婚した。住居は東京市下谷区車坂町 7 番地である。離婚の理由については不明である。

　1901 年（明治 34）8 月、謹承の長男鈕太郎が父親の教えを受けながら算数の問題集を書き写したものがある。題は『宮澤先生傳　和算差分問題三十四題』。謹承 46 歳　鈕太郎 12 歳である。宮澤先生というのは謹承の母、梅の妹で鷹子の夫、旧前橋藩士の宮澤熊五郎のことで測量や和算で知られている。

　1902 年（明治 35）6 月、東京下谷区谷中初音町 3 丁目 15 番地（現在地）の建物を購入し賃貸する。1905 年（明治 38）2 月には土地賃貸契約を結び、同年 8 月に建物の名義人を遠藤謹承とする。このとき、現在の場所（東京都台東区谷中）に移ったのではないかと思われる。正承氏のお話によれば「謹承が

谷中にある霊梅院の住職と昵懇の仲になり寺の近くにあるこの地に決めたのだろう」とのことである。

　1911年（明治44）12月、元妻の吉田よねが43歳で亡くなる。1918年（大正7）5月64歳のとき、長女ふくが高橋萬右衛門の長男、保久のもとに嫁ぐ。謹承はこの結婚の少し前に、ふくの親族名を細かく列記して高橋家に渡す。書体も楷書体で丁寧に書かれ謹承の几帳面さが感じられる。

　1921年（大正10）、妹きくの孫である西塚清の依頼を受け、謹承は西塚家、山尾家の史料調査をする。国史大辞典を使ったとのことであるが、歴史にも大変造詣が深かったのであろう。翌22年3月4日死去した。享年69。戒名は忠篤院義道謹承居士、墓所は霊梅院（台東区谷中）である。　　　　（小林春樹）

　注
＊1　遠藤鏻平『昭和二年五月遠藤家系図書』1927年
＊2　『西証事状　全』遠藤正承氏所蔵、1878年
＊3　『鹿児島戦争中日記　全』遠藤正承氏所蔵、1878年
＊4　『速水堅曹履歴抜萃　甲号自記』
＊5　『富岡製糸場誌』富岡市教育委員会、1977年
＊6　『前橋市史』第5巻、前橋市、1984年

　遠藤謹承は1877年（明治10）2月、九州で勃発した西南戦争に出征した。その際に残した従軍記録（史料）は2点ある。
　A.「西証事状」
　B.「鹿児島　戦争中日記」
謹承史料と西南戦争
　遠藤謹承は政府軍の一員として出征した。謹承は23歳である。出征期間は4月7日の新橋出発から10月初旬の6か月に及ぶ。
　史料のこの2点が、子孫の遠藤正承宅に残されているのがわかったのは2007年12月のことである。そのころ、速水堅曹研究会のテーマのひとつ「川越藩の相州警備について」が浮上していた。
　速水堅曹の日記に「弘化三年　相州ニ異国船来ル、鐘平出張ス」の記述がある。川越藩は相州警備に関係した（『黒船来航と川越藩』川越市立博物館）。
　川越藩は1842年（天保13）、海防論の高まりとともに幕命によって相州大津（現横須賀市大津中学校の敷地付近）に陣屋を設けた。その近辺にも、数か

所の台場を築造して藩士を送った。

　1846 年（弘化３）、アメリカの東インド艦隊のビッドル司令官が軍艦２隻を率いて浦賀沖に来航した。通商を求めるも、浦賀奉行は拒絶した。

　謹承の父である遠藤鐘平はこの時、相州に派遣されたというのが、堅曹日記の内容である。川越藩は、代々相州警備という重大な任務を命ぜられ担った。

　そのうちに、喜多平四郎著、佐々木克監修『西征従軍日誌　一巡査の西南戦争』にめぐり逢う。すなわち、喜多平四郎の祖父、喜多武平は高松藩士であった。川越藩の要請によって大津陣屋で藩士に砲術を指南した。父の安助とともに高松から移ってきたのが平四郎である。喜多家は結果として川越藩に移籍した。

　その後、川越藩は前橋に移る。喜多家も前橋に移動したと思われる。明治時代に入ると、平四郎が東京府本郷の巡査をする。35 歳の時、1877 年（明治10）２月にはじまった西南戦争に政府軍の一員として出征した。

　出征期間は２月 10 日、新橋出発から８月初旬の半年に及ぶ。戦地で見聞して、体験したことを記録した。それを手記とした（2001 年刊）。監修者の佐々木克によれば、従軍日誌はいくつか発行されているものの西郷軍側のものがほとんどである。政府軍側の史料は少ないために本書は貴重であるとする。

　その意味で、謹承の西南戦争史料は貴重で、比較の対象にする価値がある。

謹承史料の書写

　史料は「西証事状」と「鹿児島　戦争中日記」である。題が付され、綴じられている。前者の「西証事状」は、謹承が九州出征中にしたためた前橋地区の家族に宛てた報告形式の書簡である。後者の「鹿児島　戦争中日記」は、進軍各地の戦況を記述したものである。

　両史料とも、謹承の母である西塚梅（再嫁前は遠藤梅）が、手元に残った謹承から送られた書簡および従軍日記を後世に残すという意図があった。それぞれについて、人に依頼し書写させたものである。第一次史料の原文ではない。原文の書簡等は見つかっていない。

　本書に全文を掲載できない。少し解説したい。

　A「西証事状」について

　史料の末尾に、記載がある―この綴りのすべては、西塚梅が甥の「桑島謙恕」（梅の弟の桑嶋新平の子・謙太郎）に依頼し、書簡を「書写」させた。1878 年（明治11）６月付で、戦争の翌年である。

　内容は、謹承が行く先々の場所から前橋地区在住の親戚や家族にあてた近況、戦況を書簡にて報告したものである。計５通、時系列に詳細を述べる。

なかには、前橋地区の家族からの書簡の引用がある。戦時の熊本で、このような書簡がやり取りされていた。家族のきずなが表出する。しかも、熊本に到着時、市内の長野親蔵宅を訪問して、家が半焼の状態であったとの状況を報告している。

　長野親蔵は、熊本で父の濱平とともに緑川製糸所を創設した。この親子は1872年（明治5）、前橋製糸所で器械製糸の伝習を梅たちから受けた。戦地の熊本に行く謹承に向かって、梅は事前に、できるならば、彼らの安否と近況を確かめて知らせるように依頼していたかもしれない。

　B「鹿児島　戦争中日記」について

　これは、前者の「西証事状」と同じように西塚梅が「志鎌金太郎」なる者に書写させた。謹承の出征中の日記である。

　前者の「西証事状」と記載の上で重複する内容もある。だが、併せて読むと、補足しあう。この日記は、部隊の責任者である謹承の立場が鮮明である。進軍の模様を忠実に記述する。部隊としての行動と戦況の動向を冷静に書き残す姿勢が如実である。

進軍の経路

　遠藤謹承の進軍の経路は史料で辿れる。
往路の4月12日、瀬戸内海通過時点より、帰路10月初旬に長崎港を出港するまでの期間である。海路および陸路にわたって、詳細がわかる。　　　　　　（遠藤誠）

8　従甥・遠藤勝好

　私の曽祖父、遠藤鑪平の子供で、母親「さよ子」の叔父に当たる遠藤勝好について、母からは「宝生流の謡曲界に入り東京で一番か二番といえるほどの腕前になったが、若くして亡くなられた」と聞かされていた。だが、勝好に関する情報はこれのみであった。

　ところが遠藤家、速水家の親戚にあたる西塚家の当主、西塚晶彦氏は前橋市の森巌寺に勝好の墓があることを知らされた。その墓碑からも援用して究明したい。

　まず勝好の経歴を追ってゆく。

　1889年（明治22）2月1日、父の鑪平、母のさ多の五男として群馬県東群馬郡前橋中川町に生まれた（＊1）。高等小学校を終えた14歳から15歳の1903年（明治36）か、翌年の頃、当時は東京に住んでいた速水堅曹から謡曲

を学ぶために上京している。1905年（明治38）〜07年の頃には、宝生宗家に入門する。

　その後、勝好はつねに努力を怠らず、中堅の能楽師として認められる。1921年（大正10）には父の、鏘平の家から分家した。翌年の頃から公演回数も増える。23年12月、前橋市堀川町の吉田省三の長女、花江と結婚した。翌年2月、東京市牛込区中町に長女の初音が誕生したが早逝した。25年11月、東京市牛込区中町で長男、誠一が誕生した（＊2）。

　1926年（大正15）4月、前橋市の貴賓館の能楽公演で、宝生宗家の宝生重英らと共演した。28年8月、東京市牛込区中町にて次女、慶子が誕生する。だが、勝好は29年（昭和4）7月7日東京市小石川区雑司ヶ谷の、東京帝国大学病院小石川分院で死去した。享年40、戒名は義晃院勝縁齊入居士。

　次に、勝好は謡曲の分野で光る才能を開花させたかにみえた。では具体的には、父の鏘平と子供たちはどのように関わってきたのか。

　鏘平は、叔父の速水堅曹と同じように、川越で松平大和守家の流儀である宝生流の謡を幼い頃より学んでいたことと思われる。廃藩置県ののちは商人の道を歩み、謡を趣味とした。初回の前橋市会議員に当選した1892年（明治25）5月の、その半年後の11月3日、前橋市の臨江閣では、地元の者のみで能を演じるなど（＊3）、生涯を通じて謡を楽しんだといわれている。

　次男の義太（跡取り）、三男の虎雄、五男の勝好にも幼少より謡を習わせたと考えられる。家を継いだ義太は謡曲の教師、虎雄は10歳のとき、臨江閣で能を父親と共演した。勝好は墓石に刻まれているように、幼少の頃から謡曲を好むとある。父の鏘平も、勝好の才能と意欲を認めて、もう少し勉強させたいとの想いからか、玄人肌で親族の速水堅曹のもとで謡曲を学ばせたのではないかと考えられる。

　森巌寺にある勝好の墓石の側面に刻まれた原文は以下である。

　──故勝好ハ遠藤鏘平四男大正拾年分家　幼而謡曲ヲ好ミ速水堅曹氏ニ學ブ後　寶生宗家ニ入門ス昭和四年七月七日歿ス

　ところで、勝好が堅曹のもとで直接に謡曲を学んだと推察される1903、04年（明治36、37）の時期は、堅曹が1896年（明治29）に非職を辞して10年弱である。65歳前後のことであろうか。堅曹は非職直後、東京牛込区揚場町＝現在の新宿区揚場町に住む。

　堅曹自身も非職後は、宝生流の松本金太郎や野口庄兵衛を招いて稽古を積みつつ、老いの人生を楽しんでいる（＊4）。1898年（明治31）には宝生会の特

別会員、選挙で評議員にも選ばれている（＊5）。勝好はこのような経緯の中で堅曹から謡曲を学んだ後、宝生宗家に入門した。それは、宝生宗家との強いつながりをもつ堅曹を介して宝生宗家の門を叩いたと理解してよい。

　では、勝好がいつ宝生宗家に入門して、どのような「腕前」に成長したのであろうか。それを宝生流派の機関雑誌『宝生』が伝える記事からたどってみたい（＊6）。

　『宝生』は1922年（大正11）11月に創刊された。刊行以後の事実は明白と考えてよいであろう。だが、それ以前の足跡にかかる事項については、まことに不十分であるといわねばならない。

　創刊号は、勝好の名を「編謡同人及び入会取次者」として挙げる（32ページ）。つまり、創刊当時の1922年11月、33歳の勝好は宝生流派の中で、いわば中軸の役割をは果していたことがわかる。翌23年4月5日の宝生会素謡会には出演した（同4月号35ページ）。

　24年11月号の口絵「師と弟子」の中で、勝好は弟子の1人として写る。25年12月17日、宝生会の「素謡会」に出演する（41ページ）。26年6月号は、3月17日の宝生宗家で「桂皷会の仕舞」、4月25日の前橋市貴賓館では「宝好会」で4つの演目（素謡3仕舞1）、6月17日の「素謡会」でも演じたことを伝える（42〜3、52ページ）。

　しかし、悲しい記事が登場するのは、『宝生』1929年（昭和4）8月号の「宗家玄関日誌」である（46〜47ページ）。

　6月10日　月
「遠藤勝好氏先月末から病気であつた、飯田橋病院より小石川帝大分院へ
　移つたが未だ病名さへも確定せずお気毒なことである。大奥様お見舞い
　に。」
　6月25日　火
「遠藤氏へお見舞金を贈る事決定す。」
　7月7日　日
「五十日あまり帝大小石川分院に入院中の遠藤氏終に今朝十時逝く。」
　7月9日　火
「遠藤氏お通夜。」
　7月10日　水
「遠藤氏告別式。」
　この玄関日誌は、勝好の病魔に襲われて以来の経緯が詳しい。勝好の宝生一

門の中に占める立ち位置が、このように注視される存在であったことが分かる。しかも、病名は確定しないままに、亡くなったことも判明する。つづく48ページを全面にわたって「遠藤勝好君逝く」という訃報記事が占める。ページ上段枠をはみ出しての大きな遺影が、宝生一門の深い悲しみを象徴しているかのようである。破格の扱いといってよい。あえて全文を次に掲げたい。

　　――遠藤君は父兄の感化をうけて幼少より謡曲を好くし、早くより上京して宗家の門をくぐり修行怠りなく、遂に地謡の中堅として今日に至つたものであります。君は性質極めて温好、且つ朴直にして人望あり、多数のお弟子方より敬慕されていました。君よく生身地上州方面に出張して当流の発展に盡瘁され、今日高崎、前橋地方の隆昌を致したものであります。君は斯道に精進する傍ら、俳句に趣味をもち現に七寶會の会員であります。又養禽を好み、金絲鳥、ルリ、駒、鶯など常に十数羽を飼養してゐました。未だ春秋に富む、有為なる楽師を失ふたことは返す返すも哀痛の至りであります。――

　身近に接していた一門からの追悼文であるだけに、勝好の人柄と「地謡の中堅」としての存在感、さらには「有為なる」楽師としての将来性にも見通しをもってつづる。この文は事実を淡々と紡ぎつつ、勝好の内奥まで捉え痛々しくも光る。身内として特筆したいのは東京に出ても、勝好が出身地の前橋、高崎方面にも「尽瘁」して、その地の「隆昌」をもたらしている姿が映し出されていることである。
　この追悼文の中の用語は今日では、いささか専門的である。だが、それも勝好の芸の世界であってみれば、理解するほかはない。広辞苑によれば、地謡は能または狂言で舞台の一隅、つまり地謡座に列座する者がうたう謡、その役。素謡は能の略式演奏の一つで、囃子がなく、舞うこともなく、座したまま謡曲一番をうたうこと。仕舞は能などで演舞、演技すること。あるいは能の略式演奏の一つ。囃子などを伴わず、装束を着用せずに、シテ1人が紋服袴で能の一部を抜粋して舞うものと補っておこう。
　このようにして、遠藤勝好は1929年段階の謡曲界の中で「地謡の中堅」として、さらには「有為なる楽師」としての将来性を期待されていたことが明白にわかる。
　その意味でも、私の母が伝えてくれた勝好の「評判」というのは、決して誇

張でもなく、周囲からも期待されていた親身の実像を示していた。追悼文は心温まって、貴重である。

　勝好が東京帝大小石川分院で亡くなった。その当時、東京に住んでいた伯父の2人、遠藤昌吉、遠藤信次郎からは、勝好が重篤な状態のとき見舞いに行ったことを聞かされ、私は育った。その遠い話も『宝生』を紐解くことで納得がゆく。

　だが、宝生流の機関誌『宝生』は、勝好の中堅として活躍する楽師時代をたどることができたものの、宝生宗家入門の時期については確証を見出せなかったといえよう。

　最後に、栗本家の関係資料からは勝好の名前を見出したことを報告したい。速水堅曹の次女、久米は医学博士の栗本東明と結婚し、長男の東一が誕生した。東一も父親と同じように医学の道に進む。東京帝国大学医学部選科の学生のときに、宝生宗家の助けをえて能の演奏旅行をした。

　この様子を東一が「演奏旅行に参加して」という題で、宝生宗家の機関誌『宝生』の 1941 年（昭和 16）3 月号に投稿している（59 〜 61 ページ）――「何せ生まれて始めて仕舞の地を謡ふと云ふ心臓の強さ、小学時代に遠藤勝好師にたつた一つ、猩々の仕舞は教つたことがあるが之もとつくに忘れて仕舞つてゐる」と。

　東一の生まれは 1902 年 (明治 35) ぐらいなので、この「小学時代」というのは明治の終わりの頃と思われる。勝好がこのとき、22 〜 23 歳になる。東一は、このように速水堅曹を通して勝好を紹介されて稽古をつけてもらったと理解してよい。

　門前の小僧習わぬ経を読むという諺がある。このようにして鏘平の子供たちは、幼い頃から鏘平の謡を毎日のように聞かされて育つ。五男の勝好も同じで、謡を自然に口ずさみ好きになった。その才の筋を父の鏘平や長兄の義太からも認められ専門の道に進む。

　そのなかでも、勝好が専門の道に入る以前に指導を受けた速水堅曹こそが、彼の才能と努力を評価し、宝生宗家への入門を導いてくれた恩人であると評価しても言い過ぎではない。

　遠藤勝好が、謡曲界で大正期前後から昭和のはじめにかけて「中堅」の楽師として台頭しつつ活躍した。そのように将来を周囲から嘱望されつつある 41 歳という伸び盛りの年齢で、この世を去ったことは改めて、親族としても大いに惜しまれて残念である。

ところで、勝好の死後に至っても、機関誌『宝生』誌上には、生前の勝好に関わる記事が散見される。

　まず、勝好「七周忌追善」の素謡会が1935年（昭和10）7月21日の午後2時、牛込神楽坂下の貸席「紀の善」で開催された。勝好の謡曲育ての親である本間廣清が、この会の後援者である。床前には師の写真を飾って、供物を添え、香華一式が準備された。

　午後7時に終わる。終了と同時に、この「集り独特の酒宴」に移った。酒も進み、10時で散会した。遠藤家に、霊前供養として金一封を贈呈する。この日は、あいにく勝好夫人は、幼女が「疫痢」にかかって入院中のために欠席した（＊7）。

　この七周忌は、別途、前橋市と高崎市でもおこなわれた。それはかつて、勝好が高崎に出張して「高崎宝生流の一大革新」を招致したからである。その内容をさらに詳しくみるために、前橋市の状況をみてみたい――

　「明治二十年代にありては、高崎市と比肩し得る程の隆盛なく、故遠藤師の厳父鑪平氏等が指導者の任に当り、次いで翁の長男義太郎氏も、師として宝生流の拡大に務めしも、旧式の謡曲たるを免れず、遂に勝好師、来橋教授に当りて、大に革新の気風盛となり、勝好師、昭和四年の夏、他界（中略）現代高崎市の宝生流を凌駕しつつあり」（＊8）。

　この文中の鑪平の長男で、勝好の兄に当たる義太を「義太郎」としているのは間違いである。だが、それ以外は、勝好死去時点の「追悼文」よりも正鵠に、勝好が高崎や前橋で実践した「一大革新」の内実がいっそう明確である。

　つまり、勝好が実地に稽古をつけたのは、旧式の謡曲ではなく、それを改めるような「革新の気風」を吹き込むような謡曲であった。それは、勝好の功績で、いまや、その風が盛んになったというのである。

　勝好の薫陶を受けた「城峯山人」は、前橋の謡曲界を牛耳っていた横内氏の談話を代弁していう――鑪平は前橋の士族で「頑固の人」であった。子息の義太と勝好兄弟が前橋の宝生流に尽された功績は「大きなもの」である。義太は、初心者を「熱心に」指導する時代を長くつづけた。

　一方、勝好は中年から「家元の内弟子」になった。その「職分」として前橋をはじめ高崎、藤岡等へ教えにきて「宝好会」が生まれた。勝好は、声量もあって、実に稽古熱心で「厳しかつた」。弟子は随分泣かされた。

　だが、それが大いに「薬」となった。この人によって、前橋に「家元直流の正しい謡」が始めて「吹き込まれた」のである（＊9）。

　このようにみてくると、勝好の死後にいたっても、遠藤家の鑪平、義太、勝

好の親子が前橋謡曲界に尽力した功績は生きつづけた。それは、いわば速水堅曹の触発した発火点が形見のようにして顕現したことでもある。　（小林春樹）

注
＊1　「遠藤鏘平除籍謄本」前橋市（2004年取得）。
＊2　「遠藤義太除籍謄本」前橋市（2004年取得）。
＊3　『前橋市史』第5巻、前橋市、1984年、504ページ。
＊4　『蚕業新報』268号「速水堅曹翁自伝」（二十）、1915年
＊5　柳澤英樹『宝生九郎傳』わんや書店、1944年
＊6　勝好の「訃報記事」までの記事は、武蔵野大学能楽資料センター所蔵雑誌『宝生』を利用した。担当の別府真理子氏に特段のご配慮をたまわった。感謝する。訃報記事以後の「宝生」記事については、早稲田大学中央図書館所蔵本を利用した。
＊7　『宝生』1935年9月号、77～78ページ、読点引用者。
＊8　『宝生』1936年11月号、75～76ページ、読点引用者。
＊9　『宝生』1940年7月号、69ページ。

9　母の実家・橋本家

　速水堅曹の母親、まつの出身地は武州藤倉村であった。名主を務めたといわれる橋本家とは、どのような事歴と背景を持っていたのであろうか。

　まずは、藤倉村の風土や歴史に焦点を当ててみる（＊1）。同村は埼玉県南部、新河岸川流域の台地に位置して、大塚村の名主先祖、藤倉大膳が開発したことが地名の由来と伝えられる。慶長の頃までは藤倉新田といわれた。村名の藤倉村はここに由来し、江戸期から1889年（明治22）まで続いた。現在は埼玉県川越市藤倉である。

　1590年（天正18）、徳川氏のもとで代官が所管した。その後は松平伊豆守～松平美濃守～代官を経て1787年（天明7）、秋元但馬守の封土となった。1832年（天保3）、松平大和守の封地に転じて、1867年（慶応3）には松平周防守に代わって明治初期にいたる。

　藤倉村の土地は、稲作には適せず茶や桑の栽培には適していた。年々干ばつに苦しむ。村高は天保郷帳によれば206石余、家数も化政期に30軒余である。男子は桑の栽培、製茶に携わり、女子は養蚕、紡織にしたがった。鎮守は天神社である。

　次には、藤倉村で名主を務め、まつが育った橋本家について、現地調査の結果にもとづき具体的に考えてみたい。速水堅曹は橋本家について系図の一部を

記す（＊2）。だが、橋本家の江戸期以降の様子について伝わるものがなかった。調査は2007年（平成19）3月に開始して、その後も何回か足を運ぶ。

現在も、川越市藤倉の中心部に天神社がある。この神社のごく近くの角地に、橋本家はある。広い敷地である。橋本家の現当主、等氏が語る――「家の敷地は450坪で30年くらい前に母屋を壊した。父親の代まで農業を営んでいて、養蚕は昭和39（1964）年の頃まで行っていた。敷地の後ろには稚蚕共同飼育のようなものがあった。かつては広大な桑畑があった」と。先祖に関係する史料は母屋を壊した時に処分したと語る。

一方、当主の夫人には義父母から聞いた話が伝わっている――「昔は家の前に家塾があった。その前の時代には茶店を開いて旅人などが立ち寄った」と、それ以上に詳しいことはわからないとのことである。

現在の橋本家に伝わる話としては、昔は名主の、大きな養蚕農家で、旅人が立ち寄る店を開き、家塾を開いていた時期があったと、おおよその見取り図が描ける。

そこで細部を詰めるために、橋本家の墓地を探ねることにした。橋本家からは、2キロほど先に共同墓地がある。その一画に、平成に亡くなられた現当主の父、橋本新曹の立派な墓石がまず目につく。他の江戸期前後の墓石は文字が劣化する。まつの父親の勘右衛門、堅曹の従兄に当たる仙次郎の墓石は確認することができない。この共同墓地には、藤倉村の開発者で知られる名主の藤倉家の墓があった。この藤倉家に橋本家に関する史料が存在するのではないかと近所にある藤倉家にうかがう。幸いにも、共同墓地史料を快く見せていただく。藤倉正人家はこの共同墓地の管理を任されていたのである。

史料は1888年（明治21）に作製された。表紙は以下である。

「日東村大字藤倉字北林東野　墓籍　明治廿一年二月調製　管理者」

「字北林墓籍取調書　入間郡藤倉邨　明治廿一年二月三日検閲　㊞」

この史料によれば、この共同墓地は藤倉家以外に22軒が共有していることがわかる。

橋本等家の記載をみると、1875年（明治8）までの橋本家先祖の没年、氏名がある。18世紀前期の享保年間に亡くなった吉良兵エの父以下13人の名前が刻まれる。まつの両親の、橋本勘右衛門夫妻の名もあった。各家の墓の位置を示した図面によると、橋本家の墓籍の地番は第六号で、古い順に㊀から㊅までの墓石番号が振られていた。

橋本家墓籍の代表者（当時の戸主）、勘右エ門夫妻の墓籍は、以下に示す――

入間郡藤倉村第拾七番地　平民　橋本平三［橋本仙次郎の長男］

墓石番号	死亡年月日	族籍	氏名
四	文政九丙戌六月十三日	平民	橋本勘右エ門
仝	文政七甲申三月廿八日	仝	仝人　妻　名不詳

　文政７年（1824）といえば、末女のまつが24歳のころで、その２年後には父の勘右エ門も死去したことがわかる。だが、名主を務めたといわれる橋本家でも、その妻の名にして「不詳」とあるのは、死去から64年を経た時点の墓籍とはいえ、考えさせられる。

　改めて後日、墓籍の史料を再確認するために共同墓地を再訪した。江戸期の古い墓石は石の劣化でみにくかったものの、橋本勘右衛門夫妻の墓はしっかり確認することができた。

橋本勘右衛門の戒名　　實相教随禅定門
　仝　　夫人の戒名　　眞月妙感禅定尼
施主　　藤倉村　橋本平兵衛

橋本平兵衛とは、まつの長兄である。

　他方では、「橋本藤翁の墓」と記された大きな墓石がある。石の劣化で文字が読みがたく誰のことであるかわからない。だが、地域の『大東百年のあゆみ1993』によると、この人物がまつの甥、堅曹の従兄に当たる橋本仙次郎であったと判明する（＊3）。

　──「藤倉には橋本藤翁（仙次郎）の家塾もあった。藤翁は当主新曹の曽祖父に当たり総生徒数百五十餘人（墓石より）である」と。この記述は現当主夫人も語っていたように、名主の橋本家が「家塾」を持つほどに古くから教育的な環境であったことを示唆する。

　橋本家の菩提寺である天台宗、西福寺（埼玉県川越市南大塚）の住職からは橋本家の史料にある人物を教示され、墓籍と照合した。しかし、その史料には、墓籍に記載された橋本仙次郎以前の江戸期の人物の名はなかった。

　そのために、前掲の墓籍にある橋本家の当主をはじめ、西福寺史料に記載された人物名を加えて橋本家の累代当主を並べてみた。

　1吉良兵衛の父→2吉良兵衛→3宇兵衛→4宇兵衛→5勘右衛門→6平兵衛→7仙次郎→8平三→9正平→10新曹→11等（現当主）　＊3と4は同名

　6の仙次郎から10の新曹までは、菩提寺の西福寺史料に記載がある。1の吉良兵衛の父は1719年（享保4）に没した。この当主を橋本家初代として数えると、現当主の等氏が11代目、まつの父親、勘右衛門は5代の当主になる。

このようにみてくると、まつの橋本家は少なくとも、17世紀からの歴史を刻む。ところが2019年5月、橋本家をしばらくぶりに訪問した際、2016年7月には共同墓地の墓を改葬したことを知る。しかも、7代の仙次郎以前の江戸期〜明治の古い墓石は処分されていた。現当主の父、10代の新曹が作られた墓誌は新しく作り替えられていた。

　改葬された墓誌の先頭は「入間郡藤倉村観音堂庵主之碑」「橋本家先祖代々有縁無縁一切霊」で、庵主（僧侶）と橋本家の先祖の名が混在する形になっていた。西福寺の史料に記載があったものの、旧来の墓石に刻まれていない人物をここに入れたことになる。

　このような改葬で、まつに直接的に関わる勘右衛門夫妻の墓や仙次郎の墓が失われたことは残念でならない。だが、この新しい改葬墓誌は、橋本家が江戸時代に隣接していた寺、つまり観音堂（草堂）の僧侶と深い関係を持っていたということを暗示する。

　橋本家の改葬を確認した日、菩提寺の西福寺を訪問し、前住職の奥山準氏に会って橋本家の史料を見せていただく。史料に江戸期の人物の記載のない理由、改葬についても説明をうけた――

　　　1 檀家でも過去帳に記載があるとは限らない。住職が他の寺を兼任したりして不在の時期があった。この時代に当たったのではないか。
　　　2 墓誌にある4人の僧侶は天神社に隣接した観音堂（草堂）に寝泊まりしていた僧侶かもしれない。
　　　3 天台宗の川越喜多院、中院に僧侶の出入りの記録が残っている。ここから出た僧侶の可能性もある。
　　　4 橋本家は名主としてそれなりの経済力があったゆえに、庵に住んでいた僧侶の面倒を見ていた可能性がある。橋本家の墓に家族のようにして埋葬されたのは、それがためではないか。

　この後、橋本家を訪問して、新しい改葬の事実関係を確認した。処分してしまった僧侶の墓石に関しては、文字が判別できたもののみを墓誌に刻んだことが判明した。

　その意味で、まつが身につけていた漢学の知識や英知はどのような背景で醸成されたのであろうかと考えざるをえない。名主の橋本家は鎌倉街道の近くで、鎮守の天神社に隣接する。天神社は学問の神様でもある。昔から、多数の人々の往来があった。江戸後期は儒学者、修験者なども逗留するような橋本家であったことが、改葬墓地の墓誌が示す。

すなわち、天神社について『新編武蔵風土記稿』は「天神社は村の鎮守なり、別當梅林寺、天台宗にて、本寺はなし」と記述する（＊４）。

　『埼玉の神社』によると（＊５）、現在の集会所として改築されたかつての草堂がおそらく梅林寺であった。

　この草堂（庵）に寝泊まりしていたと考えられる僧侶は、名主で経済力がある橋本家からの面倒に与っていたと推察できる。それは逆に、草堂に寝泊まりして過ごす僧侶が橋本家をはじめ、近辺の人に学問を教える寺子屋のような存在としてあったのではないか。まつの父の勘右衛門の戒名が「實相教随禅定門」とあるように、その中に「教」とあるのはそのことを暗示する。

　墓誌に刻まれた僧侶名には「和泉国堺先生」というのがあった。和泉国といえば大坂に近接する先進地域、中心が商業都市「堺」である。下川又左衛門の先祖は加藤清正重臣時代、朝鮮侵攻に当たって後方支援を担った。それは、堺で生産が盛んであった鉄砲を調達する大役を清正から任せられるほど、堺との関係は深かった（＊６）。そのような関係が、後々にも引き継がれているような痕跡である。僧侶の一部とはいえ、その堺出身の僧侶が身近な「先生」であったことも留意されてよい。

　江戸後期になると、農家でも名主の娘ならば寺子屋や手習い塾などに通い、読み、書き、算術などを学んだこととしても不自然ではない。堅曹は『速水家累代之歴史』の中で、母のまつのことを「凡婦ニ非ルナリ」と記した（＊７）。それは、幼少から身に着けた漢学の知識と才覚を遺憾なく発揮したまつが両親や僧侶、逗留した人＝儒学者などからも幅広く学問を積んだ可能性が高い。

　だが、草堂（庵）の僧侶は明治維新の神仏分離策で、天神社の境内から去っていったのであろう。僧侶が担っていた教育の場は新しい新政府の時代では橋本藤翁、つまりまつの甥である仙次郎が家塾として継承したのではないかと考えられる。

　最後に、検討の俎上に載せたいことがある。それは1866年（慶応２）のことで、年寄で、後に家老の下川又左衛門が橋本家を訪問した意味である。

　下川又左衛門は代々、川越藩で家老を務めた。速水堅曹も上司として仕えてきたことは彼の日記からも明らかである。堅曹の母、まつは藤倉村の名主の娘とはいえ、結婚相手は下級武士である。結婚にあっては、上司の下川氏が関わった可能性もある。

　堅曹の1866年（慶応２）６月３日の条──「下川君藤倉村ニ遊歩ス、予兄弟及家内中行、仙次郎ノ宅ナリ」とある（＊８）。

先学の研究では、この条について「堅曹は下川の行楽に兄弟や家族を連れて同行する」と解釈する（＊9）。確かに「遊歩」は散歩、散策とかの意味である。だが、果たして、それだけでよいのであろうか。

　堅曹をはじめ兄弟、家内中が「下川君」に同行し、橋本仙次郎の家に行く。まつの両親は約40年前の文政期に死去していたので、まつの甥に当たった仙次郎家を訪問したというのである。このとき、堅曹は27歳、まつは還暦をすぎて66歳ころである。仙次郎は本家を引継いた堅曹の従兄で、維新期になってから家塾を開いたことは先に述べた。訪問した旧暦の6月3日は例年ならば、養蚕を終える時期に当たった。

　なぜ、この時期に川越藩年寄、家禄1200石の下川氏が近郷藤倉村の、まつの実家である橋本仙次郎宅に行ったのであろうか。しかも、藩年寄が「遊歩」として、それを装いつつ橋本家を訪問したことは、従来からの両者の関係にある種の親しみを感じさせる。それは近々この地を去って、前橋に転居する挨拶も一因であろう。

　だが、藩の年寄が同道しての橋本家訪問である。この疑問を解く背景としては、まず、この時期の川越藩近郷の状態に眼を向けなければならない。この慶応2年（1866）は例年とは違って、早春から冷えきった日がつづき、麦作は収穫期を迎えても結実しないありさまであった（＊10）。

　八十八夜になっても「大霜」があった。麦作その他の菜種も影響がでる。桑や蚕も「大に難渋」し、蚕種を取置きしても川に流したり、穴に埋めたりした。

　いわば、横浜開港で生糸貿易が急展開した影響で、農民は主穀生産を放棄して桑の作付や養蚕の増産を優先しつつあった。だが、5月24日の筆記では、当年の蚕にいたっては、それも「六ケ敷」と記す。桑の不足が生じ「目も当てれす」と惨状を訴えた。

　このたびの天候不順が、現金収入を目的とした養蚕の「遺作」が死活問題化しつつあった。下川氏の「遊歩」は、堅曹家族を表向き出しに使って、川越藩近郷の実状を内々に視察するためであったともいえなくもない。

　次の視点として、川越藩が生糸の販売によって藩の財政立て直しを図ろうとしていたことがある。そこで、藩年寄の下川氏は養蚕が盛んな近郷の橋本家に行って、今日の窮状を確かめつつ、養蚕、生糸づくりの実際を知りたかったのではないのか。しかも、下川氏は養蚕や生糸づくりを身に付け精通している橋本家、まつの家族にたいしても、今後にも想定される藩の新しい方針＝生糸生産の重視と生糸貿易の具体化策を見極めたいと、内々に確証を得たかったとも

思われる。

　その方向性に沿ったかのように堅曹は、兄の桑嶋新平、従兄の稲葉隣平と一緒に「密事」を図って、綿密な策を作った。その直後の７月、藩主にそれを建白し、大変感激された。その後は、維新にかけてご内用で桐生、足利、結城、銚子に出かけたのである（＊11）。

　ところで、堅曹の姉、梅は1859年（安政６）に夫の遠藤鐘平を病気で失った。その梅は1868年（慶応４）８月、下川氏の薦めで、家臣の西塚清造と再婚する（＊12）。

　結果的にみると、両者の結婚は1870年（明治３）に創業した藩営前橋製糸所、74年（明治７）に開設された研業社に貢献した。夫婦で協力し、新しい器械製糸所の円滑な操業と運営になくてはならない存在になったのである。

　これは、単に時の流れでそのようになったのか、あるいは下川氏の「薦め」がそこにまで見通してのことであったのか、興味深い点である。（小林春樹）

　　注
　＊１　『角川日本地名大辞典』角川書店、1988年、『武蔵国郡村誌』第四巻、埼玉県立
　　　　図書館、1954年
　＊２　『主君松平家署景及末二速水ノ景圖』
　＊３　『大東百年の歩み』大東百年祭実行委員会記念誌部会、1993年
　＊４　『新編武蔵風土記稿』入間郡巻六、内務省地理局、1884年
　＊５　『埼玉の神社 (入間)』埼玉県神社庁神社調査団編、1986年
　＊６　中島雄彦「加藤清正書状　下川又左衛門宛（文禄二年）八月八日」（『尾陽―徳
　　　　川美術 館論集』第８号、2012年、69ページ。
　＊７　『速水家累代之歴史』
　＊８　『速水堅曹履歴抜萃　甲号自記』
　＊９　布施賢治『下級武士と幕末明治』岩田書院、2006年、269ページ。
　＊10　『川越市史』第３巻、1983年、548～549ページ。
　＊11　『速水堅曹履歴抜萃　甲号自記』
　＊12　大山ミよ手記「遠藤家累代」、1977年

第二章　速水堅曹の家族

1　妻こう[幸]と石濱家

　ここからは、速水堅曹の家族について述べてみたい。

　堅曹は 1864 年（元治元）9 月 29 日、同じ川越藩士で石濱與作の次女こうと結婚した。

　石濱與作は森巌寺の墓碑によると、石濱仁兵衛の長男で石濱家の 7 世であった。1821 年（文政 4）11 月 1 日川越で生まれ、1900 年（明治 33）11 月 17 日前橋で没した。享年 80。

　2 人の結婚は堅曹が 1839 年（天保 10）生まれの 25 歳、こうが 1848 年（嘉永元）8 月 3 日生まれの 16 歳である。縁談をもってきたのは堅曹が師と仰ぐ川越藩士、大屋京介である。結婚にあたってはそれまでも、なんどか話があった。石高は石濱が 14 石、大屋が 12 石で、速水家の 12 石とほぼ変らない（＊松平家史料「子給帳」1852 年＝嘉永 5）。いわゆる同じ藩の下級藩士同士の結婚である。

　大屋京介は、堅曹が生涯で唯一「師」と仰いだ人物である。子弟を立派に指導する藩士であった。下級藩士の家では貧しさのため藩校に行けない子も多かった。ほとんどの藩士はそれぞれの得意分野を藩士同士が教えあった。たとえば四書五経の素読や算術、剣術、謡等々を子弟たちに教えていた。

　川越藩剣術師範の大川平兵衛の孫で、後に「製紙王」と呼ばれた大川平三郎は「大屋京介と言ふ、寺子屋の先生に就いて「いろは」から学習すること」となった。そのことは「今日でも大屋京介の寺子屋の間取りから、座敷の飾り付けなどを語り得るほど」の感銘を受けたと語っている（＊竹越與三郎編『大川平三郎君伝』1936 年、30 ページ）。

　川越城下を写した江戸時代末期の古地図には、藩士名の入った家が分かるものがある。それで確認すると、速水家、大屋家、石濱家、堅曹実兄の新平の養子先の桑嶋家、姉梅の嫁ぎ先の遠藤家などが一角に集まって住んでいることがわかる。川越城下では、その見取図から判断すれば、藩士は身分によって住居が厳然と分けられていたことが確認できる。

　その意味で、いわゆる隣近所といっては語弊があるかもしれないものの、近くて、よく知っている藩士仲間の縁談で堅曹の婚姻は決まったといえよう。

　石濱家には、堅曹が結婚した時は、後継ぎのこうの弟、与三郎がいた。だが、

こうが結婚した翌年1865年（元治2）に病で亡くなってしまった。堅曹の日記には、それから石濱家の跡取りについて周旋をする様子がしばしば書かれている。こうの妹、阿新は未婚であったため、そこに婿をとらせるか養子を取るなど、堅曹の親戚や知り合いの藩士の縁談をいくつかもっていった。破談することが続いた。

　堅曹としては、この石濱家の跡取り問題は長年関わった。1896年（明治29）、自分の3男・展を石濱家に養子に出すことにして、やっと解決するのである。実に30年以上かかった。

　堅曹とこうは、3男4女の7人の子宝に恵まれた。堅曹が1913年（大正2）1月17日、享年74で病没した以後も、こうは長男の眞曹が住む横浜市南太田宅で、子供や孫に囲まれ過ごした。1923年（大正12）9月26日、75歳で亡くなった。関東大震災の直後である。子孫に確認したところ、震災の影響ではなく、病気で亡くなった。　　　　　　　　　　　　　　　　　（速水美智子）

2　堅曹の子どもたち

　速水堅曹と石濱こう（幸）は、1864年（元治元）9月29日結婚した。

　堅曹は自らの結婚について、自記に「始テ妻ヲ娶ル」と書く。その「始テ」という表現が堅曹の生真面目さを示す。

　子宝に恵まれた。誕生順に記す。

　長女、徳　　1865年（慶応元）11月12日
　次女、久米　1868年（明治元）　8月11日
　三女、立　　1872年（明治5）　1月　4日
　長男、眞曹　1875年（明治8）10月　5日
　次男、卓爾　1879年（明治12）　6月　8日
　三男、展　　1880年（明治13）　8月25日
　四女、悦　　1887年（明治20）12月28日早世

　速水家では、長女の徳を1878年（明治11）6月2日、橘成彦の媒酌で久保田貫一に嫁入りさせることに「談判」がほぼ整う。久保田の兄弟、橘の夫妻、堅曹夫妻、徳が品川の川崎屋で会った。久保田の兄、譲は3歳上の文部一等属である。

　7月14日、堅曹は久保田の「望ニ任セ」て、徳を「可遣」し、と答える。久保田の懇請に応じる。9月21日「祝式」をおこなった。久保田の父、周輔

は翌 79 年 5 月に上京してきて、13 日招宴された。堅曹は 21 日、返礼として周輔を八百松に招く。久保田側の、礼を尽す姿勢が強くにじむ。

　仲人の橘は、堅曹が主導した生糸直輸出会社「同伸会社」の、後に創立委員になった人物である。橘は銀座の日吉町 18 番に住む。その店舗の二階は 1883年（明治 16）6 月 3 日、当分の間蚕糸協会事務所になった。堅曹一家が住んでいたのは、日吉町 20 番地である。新橋ステーションが近く、政府の用務、横浜の外国人居留地に行くにしても、便利であった。

　橘は久保田の婚約を見届けるや、6 月 18 日渡米する。10 月 8 日に、佐藤百太郎を連れて帰国した。佐藤はアメリカ人の妻を同伴して、だが橘は同じ上等船室に乗ることができなかったとみえ乗船名簿に記載がないほどである（＊ *The Japan Weekly Mail.* Oct. 12, 1878, p.1082）。

　佐藤は湯島 5 丁目の順天堂の出で 1871 年アメリカに留学し、新井領一郎が1876 年 3 月にニューヨークに行く際、保護者的に同行した人である。堅曹も関与する渡米であった。何かわからないときの問合わせ先は、日本橋の通二丁目「丸屋善八」方の橘である。

　新井の実兄、星野長太郎がみるところ、橘は実直で「悪シキ人」ではないものの、生糸のことに「馴れサル」故に「相庭等ニ疎キ」である（＊加藤隆・阪田安雄・新谷紀男編『日米生糸貿易史料』第一巻、近藤出版社、1987 年、220〜 221、453 ページ）。

　佐藤と橘は日米双方の商品の直輸会社「日本米国用達社」の、前者がニューヨーク本店で、橘が東京支店の責任者である。だが、1878 年段階で佐藤の借財が日本の出資者で問題化した。返済の相談をするために帰国を要請し、橘が迎えに渡米したのである（＊阪田安雄『明治日米貿易事始』東京堂出版、1996年、122 ページ）。

　それは知米で生糸直輸出派の官僚、富田鉄之助、神鞭知常、高木三郎たちが堅曹の 1876 年（明治 9）、フィラデルフィア万国博覧会の渡米時にみせた尽力する姿にいくらか重なる。だが、いまは負の労力である。富田らは堅曹の知恵袋だけでなく、日本生糸のアメリカ直輸出を模索した。その延長線上で立ち上がったのが「日本米国用達社」である。

　政府代表の副総裁西郷従道は現地の博覧会で、堅曹の慧眼と技量の巧みさを目の当たりにした。帰国直後の 1876 年 11 月 13 日、堅曹は新橋の日吉町 20番地に転居した。

　東京日日新聞社も 1 年後の 1877 年末、銀座の尾張町一丁目一番地に移る。

久保田貫一は 1850 年（嘉永 3）5 月 17 日、兵庫県城崎郡の豊岡藩士族出身
である。豊岡藩は外様大名の 1 万 5000 石で、久保田家は速水家と同じ下士族
の出である。藩は維新期、譜代大名の前橋藩と同じように、かろうじて討幕派
に属す。だが徳との結婚までの経歴は従来、まったく不明である（＊補注 1）。
　そのなかで、1877 年西南戦役の際の 6 月 14 日付「征討総督本営」用箋に「東
京日報社／久保田貫一／西海道全図／右拝借仕候也」に気づく（＊防衛省防衛
研究所所蔵「陸軍省大日記」西南戦役）。それに頼ってゆくと、日報社の東京
日日新聞記者であったかもしれない。
　すなわち、大阪本社の『朝日新聞』1879 年（明治 12）11 月 13 日付の記事
は伝える──「東京日日新聞記者たりし久保田貫一君ハ、去る六日外務二等書
記生に任ぜられ、龍動〔ロンドン〕領事館在勤を命ぜられたり」（2 面、読点
引用者）。大阪の新聞社にも、名の知れる存在の記者であったのであろうか。
　日報社の東京日日新聞は 1874 年（明治 7）、福地源一郎（桜痴）を主筆に迎
えた。伊藤博文と親しく、岩倉具視米欧使節団一等書記官で 4 度目の洋行をは
たし、大蔵省四等出仕で退官した経歴である（＊柳田泉「福地櫻痴」『明治文
学全集』11、1966 年、411 ページ）。
　日日新聞を閲すると、福地が入社した 1874 年の 12 月 3 日からは従来のヨコ
紙面をタテ紙面に変える。英字新聞の影響、紙面改革の一環か。社説を重視す
る方向性が浮き出る。その方向で編輯長も奥付に出る。
　末松謙澄は高橋是清とともに、高橋の居候先のフルベッキ邸にあった外国新
聞の面白い記事を翻訳し、日本の新聞 4 社に売りつけた。唯一の反応を示した
のは、横浜のヘボン邸で高橋と面識があった岸田吟香の日日新聞である。その
縁で、末松は同社に入り、社説を書くようになった（＊麻生大作『高橋是清伝』
同刊行会、1929 年、34 〜 35 ページ）。
　末松は 1875 年 11 月 6 日〜 12 月 28 日の間、編輯長を務めた。退職の 12 月
28 日付で、政府の正院御用掛に登用された（＊国立公文書館所蔵「枢密院文書
／枢密院高等官転免履歴書」）。伊藤博文の引きといわれる。
　1855 年生まれの末松が退職後は仮編輯長の安川映治をへて、5 歳年長の久
保田が 1876 年 4 月 14 日〜 8 月 2 日の期間、編輯長を務める。社長の福地が差
配した人事である。福地は、相変わらず社説を書き、能力のある記者を引き出
す方策であったのか。四面左下の奥付をみると「社長福地源一郎／編輯長久保
田貫一／印刷人岸田吟香」の順で並ぶ。岸田は 1867 年、ヘボンが辞書『和英
語林集成』を刊行した際の助手であった。

末松は 1879 年 12 月 12 日、外務三等書記生となってロンドンの日本公使館に赴任する。奇しくも、その一ヶ月前に久保田が外務二等書記生としてロンドン在勤で向かった時期に重なる。だが末松は、翌 80 年 12 月 31 日付で依願免本官、ケンブリッジ大学に入学する。

　1882 年のロンドンで、源氏物語の 54 帖のうち 17 帖までを英訳して出版した（*Genji Monogatari*. 253p.）。それは「源氏のロマンス」であると、その意味を説明する。

　ところで福地は 1877 年（明治 10）の西南戦役では伊藤博文の同意をえて、戦地に赴き従軍記者を務めた。参軍の山県有朋とも懇意で「軍団御用掛」という名目をもらって、山県の書記の役目を勤め、本営に自由に出入りができたほどである（＊前掲「福地櫻痴」、413 ページ）。

　福地のその取材姿勢はこうである──「西南戦争の実況を探訪し緊要の事件を世人に報道するの期を誤らざるが為」と（＊東京日日新聞 1877 年 3 月 4 日、3 面）。

　つまり行在所が西京に設置され、戦況の情報は西京に集まる。そこで福地は、2 月 22 日陸路をへて 27 日西京に到着する。3 月 5 日の紙面からは「西京採録」を設ける。さらには戦地の熊本に入った。それは 3 月 23 日、肥後は高瀬の本営からの通信「戦報採録」に投影される。それが参議の木戸孝允の眼にかなって、急きょ西京に戻った。4 月 6 日に「天顔」を拝し、地図を用いての戦況「具奏」にいたった。

　それに意を強くしてか、福地は戦地報道の強化を図る。東京の本社から久保田を呼び寄せた。4 月 14 日の夜、久保田を伴って神戸港に到着する。官船に乗る許可を得て、福地は船長室、久保田は兵隊の船室しか空きがなかった。15 日、長崎港に向かい 17 日に着く。18 日午前 6 時、長崎を出帆して、午後 2 時、肥後の下沖の洲に投錨する。海岸から一里余の遠浅で、乗りかえて長洲に着く。二里ほどの高瀬で一泊した。

　翌 19 日、田原坂を見ながら六里の旅程で、市街の灰燼の間を過ぎ熊本城内の「軍団本営（元の洋学校）」に入る。20 日、熊本城を出て立田山に登って終日「戦争を見物」した。4 月 21 日、福地は本営で「戦報採録」として「四月二十一日熊本本営発／福地源一郎報」の原稿を書き、それが紙面に掲載されたのが 5 月 2 日である。

　一方、久保田の現地原稿は「四月二十三日熊本本営発　久保田貫一報」として 5 月 4 日の紙面に掲載された。それは、熊本城中の戦闘を詳述した「鎮台の

籠城日誌」を抄録したものである。籠城日誌が「戦報採録」として組み入れられるのは5月7日からである。

　だが、大きな変更が起きる。久保田は4月25日、福地と別れて、肥後から鹿児島に向かう。士官同様の船室、食べ物は「待遇の優渥なる実に感謝」しての移動である。27日到着する。大山巌少将に従って上陸し、大山の本陣は小松帯刀の旧邸で、久保田も宿舎とする。

　久保田の鹿児島移動が、5月9日の紙面からは久保田貫一の「戦報別録──四月二十八日鹿児島発／久保田貫一稿」欄を生む。福地の「戦報採録」は、別途続けられる。ただし、福地が戦地を去るに及んで、6月2日の紙面からは難波〔南波〕正康が交代して「五月二十四日熊本発」として登場した。

　久保田は、最終局面の鹿児島戦況報道を社長の福地から任されたということがわかる。紙面「戦報別録」によれば、久保田は10月3〜4日、最終回に掲載された「九月二十五日鹿児島発／第六十報」と「九月二七日発鹿児島（第六十一報）」の題名「最後ノ戦争」にて筆を置く。

　この「最後」の現地報道で読者が最も知りたかったのは何か。それは、西郷隆盛の最期と鹿児島城下での様子であろう。久保田は官軍が9月24日の早朝4時、城山に進撃するのを知った。3時に本営を発して「最も眺望に便なる合囲線」に赴き戦場を目撃する。午前7時ごろ賊兵をすでに平らぐと聞くや、立てこもった「賊巣」である岩崎谷に入る。

　賊兵は岩崎の山麓に「数十の洞穴」を掘り、大砲の「飛弾」を避ける。西郷が住居した新しい洞穴は最も奥にあった。最も丁寧に外囲を付け、穴の中も立派で四、五畳の畳を敷きつめる。布団、茶道具、東京日日新聞、東京曙新聞、数葉もあった。これ以外の洞穴と異なる。

　西郷の首領は刎ねられた──「今や先生、既に死し、大事去り矣、先生と死を共にせんと欲するものは悉く来て、茲に集れ」と、介錯人は叫ぶ（＊同上、3日、2面、傍点省略、読点引用者）。先生とは西郷、その「死」が多くの賊将の死を呼び込む。

　洞穴はおおむね「不潔にして鼻を掩はざれば出入も出来ぬ」惨状を呈す。100余の死体が一個の「小塁」中に「山積」するのを目撃した。これまで、ずいぶんと戦地を奔走し死骸が累々とするのを見たものの、これほどの経験はなかった。

　西郷の首領は当初、不明であった。賊兵中の重症を負って、わずかに「一戦の呼吸を存するもの」に詰問し埋葬地を知り、それを「堀出」す。死骸と合わせ、

県官に引き渡す。

　西郷の最期を実検した参軍の山県有朋は一見するや、たちまち「悲惨の色」を示す。大山巌少将は死体の場に臨むや、一目して「愁然として」その場を避けた。西郷は大山の親戚、桐野利秋以下も「朋友」で少将の「胸中さこそと察せられたり」と。久保田は冷静に、だが忌憚なく筆を走らす。

　鹿児島城下の「堂々たる七十余万石」の現況は「不潔一円の焦土」であった──「今は汚塵穢涸の鍾る所となり、其惨状言ふに忍びざるものあり、現今鹿児島の城下に最も多きものは、只若後家と焼瓦と腐屍と塁柵となり」（＊10月4日3面、読点引用者、後段以下の名詞への傍点は省略）。

　しかも、久保田は2月21日から216日にわたった西郷の戦争について、曇りのない視線を向ける──「万戦千争を経歴し、為に万数の生民を殪し、為に数千万の金円を費やし、民を苦しめ、農を虐し、惨暴至らざる所なく、今日に至て遂に討滅に帰したり、其暴動の甚しき、誰が之を悪まざるものあらんや」（＊同上、読点引用者）。

　西郷隆盛の「名望」と「人傑」を認めつつ、戦争が引き起こす悲惨さを直視する姿勢が鮮やかである。

　このように久保田は、この最終回の戦況報道「最後ノ戦争」を“西郷ノ戦争”と捉える視角に揺るぎがなかった。9月27日、今日か明日の便船で、東京に「帰向」するも、これで「戦報別録」の最後とする、と告知した（＊東京日日新聞1877年10月4日、4面）。

　久保田のこれらの戦報別録を逐一、残念ながら詳述する余裕はない。だが久保田の眼は戦況だけでなく、戦闘の影や裏面の部分にも注ぎ、筆を走らせていたことが光る。

　たとえば、久保田が福地と一緒に熊本に到着した4月19日、市街で目にしたのは汚穢物、賊の屍。だが、6月中旬、鹿児島から熊本に単独で再び来てみると、焼け残った市中の家屋に住人がほとんど「充満」し、商店も開け、道路は普請最中であった。

　その中で「最も盛なるもの」は「売淫女」なりと聞く。この「女隊」が城下の諸方に出没し戦闘を「男隊」に挑む。その若武者は先を争って「進撃」し、あるいは「昼夜連戦」し、その「疵を受け」た。この「手負」こそが、まことに「陣中の厄介もの」である、と医者からの話を実況さながらに書きとめる（＊同上、6月27日、4面「六月十五日熊本発／第二十四報　久保田貫一報」）。

　しかも、この6月15日、市中の屋根に「菖蒲を揚げ門前に幟を建てたる」は「旧

暦の五月五日たるを知るべし」と一時の安らぎを記す。熊本近辺の田地は、もはや過半が田植えも済む。不日、土用に入って「一層の炎暑」を増せば、山野に宿陣する軍人は「時疫」にかかるものがあると「憂慮せざるものなし」と、流行病＝伝染病の発生を危惧する（＊同上、6月27日、3〜4面）。

　衛生状態の悪い戦地で伝染病が蔓延する確率が高いのは、欧米では常識であった。それを知ってかどうか、その後、外来伝染病の虎列刺（コレラ）が従軍兵士、帰還兵の間で流行した。戦役当時の1877年、陸軍兵士のコレラ病者は全国で最大の2062人、次が熊本1698人、大阪1636人、長崎1536人、鹿児島1081人と続く。西南の戦地だけではなく、帰還兵が上陸した地域でも流行を極めたことが分かる（＊内海孝『感染症の近代史』山川出版社、2016年、82〜84ページ、補注2）。

　さて鹿児島市中で、久保田が大山巌本陣に宿泊させてもらった大山少将は、西郷隆盛とは従兄である。久保田は、熊本の人吉で降伏して西郷を見た人の話を拾っている──「西郷ハ日本服に長沓〔沓〕を穿ち、金作の刀を帯て、駕籠に乗り、猟犬四匹を従へ、衛兵二十名程を連れたる由」（＊東京日日新聞1877年6月26日、四面、読点引用者）。取材力を縦横に発揮して筆を取る久保田は、この記事で西郷の「実説」を伝える。

　この二度目の熊本入りの6月14日、久保田は「征討総督本営」用箋を使用して「西海道全図」を拝借した。福地はそれ以前に、陸軍参謀局版のそれを「公然と御払下げ」にしてもらった（＊同上1877年5月17日、4面）。福地との格の違いが明白である。

　ところが、末松謙澄はこの時期、太政官の法制局専務であったものの、6月14日に「御用」があって熊本に出張する。同月26日、陸軍省七等出仕を兼務し「征討総督本営」附きになる（＊前掲「枢密院文書」）。その兼務は、参軍の山県有朋の呼びで秘書官になった。西郷隆盛宛の「勧服状」は末松が起草したといわれる（＊『近代文学研究叢書』第20巻、昭和女子大学、1963年、20ページ）。

　前任と後任の編輯長は、征討の戦地で邂逅したかもしれない。久保田の二度目の熊本入りは、末松の熊本入りに合わせたかのようでもある。

　久保田はこのように東京日日新聞で、末松謙澄とともに「福地の薫陶を得て立身した」1人として挙げられた（＊東京朝日新聞、1906年1月20日、7面）。末松は日日新聞社を退社するや、政府に出仕した。久保田は、西南戦争の戦地で、大山巌少将の本陣で過ごし、参軍の山県有朋にも会っている。

　その意味では、久保田の人柄や能力は薩長首脳の知るところであったはずで

ある。だが末松と違って、政府からの引きは遅かった。それは、戦況報道以前からの久保田の"筆鋒"に問題があったように思える。

　すなわち、民選議院の論議が盛んになった1875年（明治8）6月、政府は新聞紙条例を発して、教唆、成法の誹毀、国家転覆の言論を処罰対象とした。10月末までに処罰された新聞記者は12名、そのうち教唆が3名、成法誹毀が9名であった（＊東京日日新聞、1875年11月7日、1面）。

　日日新聞の処罰者は8月12日、仮編輯長の甫喜山景雄が「教唆」で禁獄一ヶ月、罰金10円である。同新聞の投書人でさえ、10月5日「教唆」で禁固10日の処分を受けた。

　しかも甫喜山は翌年5月17日、教唆の廉で再び禁獄三ヶ月の処刑を下された。それを不服として大審院に上告する。だが、大審院は「原判」を破棄する理由がないと改めて、禁獄三ヶ月を命じた。それが解けて「人間社会」に復帰したのは12月14日であった。彼は市ヶ谷の「檻倉」から、ただちに日報社に来て、久保田と握手する。獄中の「苦楚」の実況を「略陳」するに及ぶと、久保田は甫喜山のために「泣」かざるをえなかった（＊同上、1876年12月12日、1面）。

　久保田は新聞紙条例を「座右ノ銘」とする。だが「慷慨激烈」の論法でなく「湾曲懇到」の文章を重んじる。自由民権を実際に「伸張」せんと欲するものは、いたずらに「過激狂暴」の言論を吐露して「不慮ノ禍害」を買うことはないと強調する（＊同上、12月23日、1面）。政府系の新聞といわれつつも、久保田はその対局にあった「自由民権」を否定していない。久保田の、時勢を透視する用意周到な物言いである。

　西南戦役が始まると、久保田は社説で論じる──我輩ハ平生ヨリ惨苦ナル戦争ヲ好ム者ニモ非ズ、鮮血ヲ以テ自由ヲ買ハント欲スルモノニモ非ズ、兵戦ノ一日モ早ク鎮定ニ属センコトヲ熱望スルハ、固ヨリ論ヲ待タズト雖モ、国安ト民権ノ貴重ナルハ、マタ目下ノ惨状ニ換ヘ難キ所アルヲ以テ、其軽重ヲ較量シテ、斯ク論究シタルモノナリ（＊同上、1877年3月29日、1面、読点引用者）。いわば、久保田の立脚点は「国安」と「民権」の、いずれも「貴重」であるとする。朝飯の前後にも好きな囲碁をするくらいの理詰めの、透徹した穏当な立場であった。

　だが、結婚した翌1879年の11月6日、久保田は外務省に「召出」された。その出仕について「志」を転じたとみられる──「君の壮にして日報社に在るや、櫻痴居士の愛する所となり、十年の乱〔西南戦役〕、居士に随て筆碩を戦陣の間に弄す、世之を壮とす、後ち志を転じて官海に入るや、名声頓に衰へ、又君

を言ふべきものなく、今や阿兄譲氏に及ぶ能はず、惜しむべきかな」と（＊読売新聞、1892年9月14日、1面）。

さて、久保田は外務二等書記生に任じられ、ロンドン領事館の在勤である。堅曹の知己、ニューヨーク在勤領事時代からの富田鉄之助も、ロンドン詰であった。外務次官は森有礼、同日付で、その森もイギリス公使館在勤の特命全権大使に任命される。

11月20日、森大使が家族を伴い横浜港から乗船したフランス郵船に、久保田は徳を堅曹宅に預けて単身で同乗した。乗船名簿に「Kwanichi Kubota」とヘボン式ローマ字で記名しているところをみると、英学の素養があったであろうか（＊ The Japan Weekly Mail. Nov. 22, 1879, p. 1576）。

慶應義塾入社帳の影印本によると、明治5年（1872）欄の本人姓名録に気付く（＊福澤研究センター編『慶應義塾入社帳』第一巻、1986年、492ページ）。

久保田譲二郎／豊岡県丹後／士族／父周輔／二十六歳／正月八日／村尾眞一

久保田貫一郎／豊岡県／士族／父周輔／二十四歳／正月八日／村尾眞一

久保田兄弟の慶應義塾入社記録である。末尾の村尾眞一は入社証人である。豊岡藩費の「遊学生徒表」によれば、村尾は1867年（慶応3）4月慶應義塾に入社した豊岡藩の先輩である（＊『豊岡市史』下巻、1987年、770ページ）。兄の譲は譲二郎が旧名、譲之助とも称した時期がある。貫一郎も旧名か。

豊岡藩費の「遊学生徒表」で、貫一は「明治3年1月」が義塾の修学開始時期である。明治4年9月、文部省は廃藩によって遊学生徒がむなしく「引払」っては「進歩之妨」になるのを恐れた。遊学生を調査して、かれらの修学の継続を促した（＊同上）。

同藩の遊学生、貢進生ともいうなかで、東京帝大総長から文部大臣に就任した浜尾新は1868年1月慶應義塾に入社した。内務省で河川港湾行政を仕切った内務技監の沖野忠雄は1870年12月、17歳で大学南校に入学する。在校中の1876年、物理学を修業するためにフランス留学を命じられた（＊真田秀吉『内務省直轄工事略史／沖野博士伝』1959年、158ページ、同藩記事では1870年11月の入学とする）。

とすると、明治5年の入社帳記載は継続しての記録として考えられる。一方、譲は明治4年11月、下野の日光県権大属を依願免本官になる（＊国立公文書所蔵「久保田譲履歴書」）。退官に合わせて、年明けから貫一が学ぶ慶應義塾に入社した。履歴書の空白はそれを埋める事歴を示す。だが、譲は半年後の明治5年8月、文部省十二等出仕に就く。義塾修学では生活ができなかったのか。

譲は以来、文部省一筋の官途である。

　ところで、貫一は慶應義塾に在籍後、いつ、新聞社に就職したのかは不明である。確かなのは外務省に転出した時だけである。政府は「如何に感じけん、新聞記者の官吏たるを歓迎するの意あり」と報じられた時期である（＊東京朝日新聞、1896年2月13日、3面、読点引用者）。

　自由民権運動が激しく燃えあがる時代状況のなかで、それに対応できるような議論を組み立て、筆も立つほどの人材を政府側は必要としていたのではないか。後の宰相原敬も1882年、郵便報知新聞社を退社し外務省御用掛に転出した。

　しかも、堅曹の薩長閥との親しい関係も、久保田のロンドン在勤転出をもたらしたのであろうか。1881年（明治14）5月16日、久保田は帰朝した。富田はその5月10日に帰朝と、堅曹は日記に書く。

　その後は最初の『人事興信録』1903年4月版に依拠したい（674ページ）。「農務省に出仕し、同十五年従六位に叙せらる、爾来内務権大書記官、内務書記官、内務参事官、内務大臣秘書官等の諸官に歴任し、同二十三年内務次官となり、内務大臣秘書官を兼ね、同二十四年以来、岐阜、和歌山、鳥取の諸県に知事たり、同三十三年内務省監獄局長に任じ、尋で司法省監獄局長に転じ、現に其職に在り、同二十九年正四位に、同三十年勲四等に叙せらる（後略、読点引用者）」

　おおむね正しく、誤記もある。久保田の埼玉県知事就任時に提出した詳細な、だが官歴以前は不記載の履歴書が残る。それに従うのが妥当であろう（＊埼玉県立文書館所蔵文書「明901－1－1／元県官履歴」明治18〜30年、庶務部）。

　ロンドンから帰国すると、久保田は3か月後、8月20日付で「廃官」になる。その理由の記載はない。だが直後の9月13日、外務省御用掛になった。交信局勤務である。翌1882年1月10日農商務権少書記官、商務局事務取扱になる。農商務省の卿は西郷従道である。

　2か月後の3月28日、参事院議官補に就く。太政官御用掛兼務、内務部勤務である。目まぐるしい異動といってよい。『官員録』1882年（明治15）5月版では、参事院六等官兼参事院書記官である（12丁）。参事院の上司は参議陸軍中将兼議定官の山県有朋である。翌年12月版も同じ、住所は小石川竹早三十四番地に移る。1885年（明治18）12月、太政官制を廃し、内閣制度が採用されると、久保田は内務省に所属する。

　1886年（明治19）3月3日、内務書記官となる。内務大臣秘書官の大森鍾一が不在中、内務大臣秘書官を兼任する。大臣は山県有朋、次官が芳川顕正、

つぎが大森秘書官、久保田は4番目である。1883年（明治16）4月12日、参議の山県が中国九州地方に出張した際、随行を命じられた。いかに山県に好かれ、引き立てられていたかがわかる。

1890年（明治23）当時の内務次官は白根専一で、内務大臣は西郷従道である。人事興信録の記載にあるように、久保田は次官の経験がない。だが、内務省勤務の背後に、堅曹の影を見るのも、それほど難しいことではないであろう。

さて、最初の知事就任は翌年の1891年（明治24）4月9日、内務書記官兼内務大臣秘書官から埼玉県知事である。前任の知事は小松原英太郎で、朝野新聞の記者上がりであった。山県有朋内閣時で、内務大臣が西郷従道である。直後に松方正義内閣が成立した。

当時の薩長内閣下では吏党（政府党）、民党（野党）勢力との政争が激しかった。92年2月の第二回総選挙で、品川弥二郎内相の選挙干渉がはじまる。知事は干渉の全面に出る。久保田も、例外ではなく「干渉知事」の1人として挙げられた（＊栗林貞一『地方官界の変遷』世界社、1930年、66ページ）。

「但馬豊岡の士族で傲岸不屈を以て聞え、一年半の在職中、終始県会と睨み合ひをつづけてゐたのみならず、時の内務部長前田利充と気が合はなかつたため、前田への面当に、彼と仲のよい師範学校長桐野某を休職にした。のみならずそれを怪しからんと云つて騒ぎ出した生徒全部を、停学処分にするなどの乱暴をやつたので、彼の悪名は今尚埼玉県民の記憶に残つてゐる」。

埼玉県尋常師範学校長の「桐野某」は桐野弘である。1891年（明治24）4月前後の埼玉県報は、桐野校長の辞令記事がない。その代わり、教頭の野本貞次郎が4月8日付「学校長事務心得」を命じられた記事がある。4月4日の師範学校卒業式は、小松原知事の「演辞」をえて、教頭の野本がそれに答えた（＊埼玉県立文書館蔵『埼玉県報』1891年4月14日号、59ページ）。つまり、最重要な儀式の卒業式に、桐野の姿はない。

久保田は4月9日付の埼玉県知事就任の「宣下」に従って、4月12日、県庁に赴任した。その日、前任の久保田知事との事務引継を完了する（＊同上、52ページ）。

すなわち、桐野の処遇は小松原知事の任期内であったことがわかる。

桐野は1856年（安政3）12月、鹿児島県生まれ士族の出身である。1878年（明治11）3月7日、青森師範学校監事兼中学教員を振り出しに、長崎中学校の訓導をへて、1882年1月25日、駅逓局御用掛に就く。同年9月6日、外務省御用掛に転任し、翌83年8月1日、外務書記生になってニューヨーク領事館在

勤となった（＊埼玉県立文書館所蔵文書／明3710－6／履歴／C12666／官房部）。

　桐野がニューヨークの領事館書記生から、一転して埼玉県尋常師範学校長に任じられたのは1886年（明治19）12月24日である。その直前の12月19日、文部御用掛の森有礼は埼玉県尋常師範学校に来校し、師範学校のありかたを演説した。しかも学校長の理想像を力説した──師範学校二就キテ云ヘハ、余ハ校長其人ナリト云ハサルヲ得ス（＊大久保利謙編『森有禮全集』第一巻、1972年、483ページ、読点引用者）。

　森のこの演説直後の12月22日、伊藤博文内閣が成立する。文部大臣は薩摩出身の閣内最年少、38歳の森有礼であった。弱冠30歳の桐野がその二日後に、内閣人事としての埼玉県尋常師範学校長に就任した。森の引きが漂う。

　師範学校発行『埼玉県師範学校一覧』によれば、桐野の前任学校長、綿引泰は12月27日付で「転免」し、桐野の就任月日は12月24日である。慌しい急な展開に気づく。桐野の「転免」月日は1891年（明治24）4月8日で、野本教頭が「校長事務心得」に就いた日であったことが確認できる（＊埼玉県立文書館文書館所蔵「明3370－1／学校／C5660」1909年版、125ページ）。

　後任は町田則文が1891年5月23日就く。とすると、栗林貞一の引用文中、師範学校長の桐野「休職」記載部分は久保田知事時代ではなかったことが明らかである。名著の誉れも落ち度がある。とはいえ、久保田が干渉知事としての色濃い知事であったことは否定できないであろう。

　当時の埼玉県は「自由、改進両派の軋轢甚しく難県の称ある所」であった。そのなかで、小松原が「最も評判好く」て、久保田は「公平にして緻密家なりしが干渉一件にて有志者に排斥」されたと報道された（＊東京朝日新聞、1894年1月23日、1面）。

　だが1892年8月、埼玉県の自由、改進両党首脳が代表となって、県知事、県警部長あてに「排斥勧告書」を提出するにいたった（＊『新編埼玉県史』通史編5、1988年、635ページ）。知事は県会を解散する。

　久保田は92年末の伊藤博文内閣の手で、非職となった。だが、その翌93年（明治26）4月7日、第二次松方正義内閣になると、和歌山県知事に就く。翌94年10月8日、大隈重信内閣で依願免本官となる。翌95年（明治28）5月10日、第二次山県有朋内閣のもとで内務省監獄局長から鳥取県知事に就任する。翌年の96年1月19日、同内閣で退く。

　知事職はこの三県だけである。岐阜県の知事は務めていない。だが、久保田

は堅曹も親しかった薩長人脈のなかで、内務省のなかで頭角を現した。その台頭の土台は内務部勤務時代の、各種法案の審理作成、地方自治に関与する委員を務めたことに顕著である。

　集会条例改正布告案、虎列刺病流行地方ヨリ来船舶検査規則、請願規則制定、布告布達告示ノ交付式改定案等で、議案の内閣委員は7種、審理委員も7種、そのほか中央衛生会委員、内務省文官普通試験委員等を歴任する。山県に、その多岐にわたる対応能力を引き立てられたと考えられる（＊補注3）。

　その一方、堅曹は長女「徳」が1886年（明治19）12月21日に亡くなるや、その半年後の87年5月14日、三女の「立」を久保田の後添えにあてがう。堅曹の自記をみると、娘婿の久保田について官途に就く前後、ことのほか気にかけた様子がうかがえる。堅曹は、日米貿易に携わる橘成彦の紹介で久保田を知り、久保田を日本の生糸直貿易関係者にする腹積もりがあったようにも思える。イギリスから帰任直後は「廃官」措置となるものの、五ヵ月後に西郷従道の農商務省「農商務権少書記官」に就いたことに表出する。

　久保田は1906年（明治39）1月6日、内務省所管時代からも在職し続けた法務省監獄局長を辞職した。その翌日、桂太郎内閣に代わって内閣を担ったのは、立憲政友会の西園寺公望内閣である。内務大臣が原敬、司法大臣が党人の松田正久で、久保田の辞職はやむなしである。

　久保田は、内務省所管時代も含めて法務省監獄局長を1899年（明治32）1月19日から1906年（明治39）1月6日まで、異例と思えるほどの六年間も務めた。伊藤博文の娘を妻にした末松謙澄のように、久保田は次官、大臣に登りつめることができなかった。

　だが在職中は監獄を訪ね、改善策に尽力する実務家に徹した感がある。それは、かつての新聞記者時代の同僚たちが誉めた獄中での「苦楚」を決して忘れていないことを表徴するようである。自らの筆鋒が「壮」とみられた時代の姿でもあった。

　辞職した翌日の2月16日、宮内省辞令では「錦鶏間祗候」に任じられた。名誉職である。

　片や、兄の譲のほうは、桂太郎内閣時代の文部大臣（1903.9〜05.12）を務めた。薩長、高等教育機関の出身者でない者が文部次官、文部大臣となった稀有の人物である。

　次女の久米は1884年（明治17）12月1日、医師の栗本東明に嫁ぐ。

　三男の展は1896年（明治29）2月3日、堅曹妻の実家、石濱與作の養子となる。

さて、長男の眞曹は 1875 年（明治 8）10 月、群馬県前橋、南曲輪町に生まれる。眞曹に関わる生前に出た伝記的な資料は、以下の A、B の二つがある。

　A「君は横浜正金銀行員にて明治八年十月七日を以て群馬県前橋市南曲輪町に生る、父は前農務省書記官正五位勲五等故速水堅曹氏なり、君は資性温雅にして幼少より書を好みて丹青の理を得たり、前橋中学校を卒業して東京に出で松本楓湖の門に入り筆端風を生じて書思神に入る、偶々厳父の横浜同伸会社の重役たりし関係より、君は事情止むを得ずして明治二十九年五月同伸会社に入り勤勉大に努む、明治四十二年同伸会社の解散となるや直に正金銀行に入り恪勤を以て称せられ倉庫出張所主任となる、君は幼少より父の膝下にありて謡曲を聞き覚え、声調人をして感嘆せしむるに至る後も、松下金太郎松崎新吉等の諸師に就きて学び、益々円熟の妙境に進み、又謡曲の歴史故実に通じて宝生流の達人なり（＊日比野重郎編『横浜社会辞彙』横浜通信社、1918 年再版、ハ行 13 〜 14 ページ、読点引用者）。

　B「眞曹氏は金港実業界の俊髦を以て知られ、先代の遺志を継いで英邁にして賢明なり、又たエスペラント大家たるのみならず、同市山下町七〇番 C に一般輸出業日本エスペラント貿易商会を設立して之に社長たり、謹んで将来の発展を祝す」（＊ルーブル社出版部編『大日本人物名鑑』巻 4 の 1、同社、1921 年 5 月、39 ページ、読点原文）。

　A は、眞曹が横浜正金銀行の「倉庫出張所主任」を務めていたころ、主宰するエスペラント横浜支部に加わっていた身近な編集者の日比野重郎が、横浜で出版した人名録『横浜社会辞彙』に掲載された。詳細である。だが、生年月日の「明治八年十月七日」は「5 日」が正しい。それ以外は検討したい。
　A によれば、眞曹は 1896 年（明治 29）5 月、厳父の堅曹が関係する横浜の、生糸直輸出会社「同伸会社」に「事情止むを得ずして」入社した。その事情とは 1896 年 5 月 11 日、57 歳の父が「非職」を辞したことに関係があろう。父は 1893 年 10 月 2 日「非職」を命じられた。だが、今後は恩給生活を余儀なくされる事態を迎えたからである。
　同伸会社は 1880 年（明治 13）12 月 15 日、父が主唱し中心となって設立された生糸の直輸出会社である。父は創設以来の中心人物であった。

前橋中学校を 1893 年に卒業して数年は、東京で日本画の松本楓湖の門に入った。楓湖は岡倉天心を援けて、日本美術院の創設に関わった画家である。修業の甲斐があり「筆端風を生じて書思神に入る」力量を示すに至った。だが、実業の世界に転身したことがわかる。21 歳であった。

　1908 年（明治 41）3 月 5 日、深澤千枝と結婚する。

　1909 年（明治 42）4 月、同伸会社の高木三郎社長が死去するに及び、解散となる。そこで、直ちに横浜正金銀行に入社したのは、両社が取引関係にあったからであろう。

　だが、資料 B によると、眞曹は一般輸出業の「日本エスペラント貿易商会」を横浜山下町で設立して社長となった。実際は社長でない。しかも「エスペラント大家」であるという。この事実関係を説き明かさなければならない。

　エスペラントは日露戦争の前年、1903 年（明治 36）5 月発行の雑誌『新人』誌に、東京帝大の学生、のちに教授となる吉野作造が「世界普通語エスペラント」を発表した。吉野によれば、ロンドンの雑誌に掲載された論文を翻訳し「世界普及語」の経緯を紹介した。

　「欧羅巴のごとき四隣外国と境を接する国々にありては、言語の同じからざるため不便を感ずること頗る大なるものあり。況んや交通機関の発達と共に国際的往復の頻繁ならんとする今日に於てをや」（＊ La Revuo Orienta. XVII、1936 年 6 月号、22 ページ）。

　その後、東京帝大で古文書学を確立する歴史学徒、後に教授となる黒板勝美は 1906 年 5 月 16 〜 17 日の『読売新聞』に「世界語（エスペラント）」について取材を受けて談話を載せた。これが大きな反響＝契機となって、日本でエスペラント協会が発足する。

　すなわち、1906 年（明治 39）6 月 12 日、日本エスペラント協会が東京で設立された。

　その機関誌『日本エスペラント（La Japana Esperantisto）』がある。1906 年 8 月の創刊号から紐解いてゆくと、第 5 号（1906 年 12 月 5 日）の内国消息欄は「横浜支部」が発会式を挙げる、と伝える――

　　「外国人の頻繁に往来する横浜には以前からエスペラントの研究者多く、愈々本会員志村保一、久内清高両氏の発起で其他の重なるエスペランチストと共に支部を組織し、去月二十四日の夜横浜住吉町〔基督教〕青年会館に於てその発会式を挙げ、久内氏の開会の辞に始まり、城戸氏のエスペラント朗読、久内氏のエスペラント文法説明、飯田〔雄太郎〕

氏の「エスペラントと世界的人物」、我孫子〔貞治郎〕氏の「ゼネバ大会に就て」、黒板〔勝美〕博士の「エスペラントの価値」等の演説があった。開会前から約二百の来聴者会場に満ち、熱心に諸氏の演説を傾聴されたは本会の甚だ満足する所である」（11ページ）。

横浜支部は11月24日、10月28日の横須賀、11月12日の東京に続く、第3番目の支部として発足した。このころについて、眞曹自身が語っている貴重な文がある──速水信宗「協会横浜支部の思ひ出その他」（La Revuo Orienta. XVII、1936年6月、pp.38-40、信宗は眞曹の改名、補注4）。

それによれば、眞曹は1906年の秋ごろ、新聞紙上で「エスペラントといふもの」があるのを初めて知る。早速、二葉亭〔長谷川〕四迷の語学書『世界語』を購入して「独学」した。初版は同年7月21日付である。最新版の語学書を入手して挑戦したことがわかる。だが、一向に見当がつかなかった。

どこか教えるところがないか探す。すると、住んでいる近くの弁天通二丁目「志村八巻合名会社」という貿易商の二階で教えていることを聞きこむ。同社をすぐに訪問してみると、東京から黒板勝美、千布利雄が「わざわざ来て」教えるという。

──「嬉しくてたまらず、講習日には必ず伺つて一生懸命勉強」しました。3ヶ月ばかりやって覚えてくると、外国と通信がしたくなった。先輩の方々の通信先へ葉書の交換を申込み「片言交りで」書き送った。一時は英、仏、独、米、露、墺、匈、濠、ブルガリアなど、ほとんど全世界にわたって葉書の交換をした。眞曹（421）は、1906年11月号の会員名簿には「横浜市本町三の三八、同伸合資会社内」と、志村保一（420）の次に登載される。カッコ内の番号は、入会順である（15ページ）。

支部長は翌07年、貿易商の志村保一が務め、眞曹は幹事に挙げられた──「殊に速水氏の熱心なる尽力により一日一日に会員増加しつつあり」と報じられる（＊『日本エスペラント』1907年9月5日号、13ページ）。

その年暮れ、眞曹は野毛に住んでいた家の門柱に「エスペラント研究会」の看板を出したところ、知人が尋ねた──速水さん、あなたの御宅でお売りになる「何とかペラント」という薬はどんな薬ですかと聞かれた。これには「少々面食らひました」と回想するほどに、眞曹の入会当時はエスペラント語を知る人というのは「情けない有様」であった。

横浜で組織的な活動が始まると、講習会、講演会は相次いで開催された。そのうちに、志村支部長からは「事業の都合上」支部の看板を南太田町の眞曹宅

の門に掲げてほしいと依頼される。当時の機関誌によると、横浜支部は弁天通二丁目から南太田町 1875 番地に「移転」したとの会告がある（＊同上、1908年 5 月 5 日号）。

だが、一向に振るわなかった。会員も、志村と眞曹だけになる。それではいけないと、眞曹宅で講習会を開くも振るわない。まったくの「暗黒時代」をすごす。

1909 年（明治 42）5 月 15 日現在の協会会員名簿で、眞曹はすでに特別会員として扱われている。神奈川県の会員は 16 名が掲載された。志村支部長は東京市芝区愛宕下町の住所、特別会員である。二葉亭四迷も、長谷川辰之助の本名で特別会員であった。

イロハ順で、黒板勝美、浅田栄次、我孫子貞治郎、田川大吉郎、和田万吉、馬場恒吾、丘浅次郎、千布利雄、秋山定輔、黒岩周六、高橋邦太郎、高楠順次郎、堺利彦、大杉栄ら、錚々たる人物が特別会員である。のちに「日本エスペラントの父」といわれる小坂狷二はこの時、陸軍少尉で、まだ通常会員であった。

1914 年、志村支部長が東京へ移転すると、眞曹は支部長を引継ぐ。熱心な同志としては海運会社の間泰蔵、尾関利雄のふたりがいた。1916 年の冬、太田町の日盛楼では晩餐会、つづいて横浜小学校で普及講習会を開き聴衆が「無慮 200 名」集まった。会員が少し増加して、活気づく。太田五丁目に小さな「エスペラント倶楽部」と常設の講習会場も作る。

1919 年 5 月 3 日、第 6 回日本エスペラント大会を横浜の開港記念会館で開催する。その準備で、眞曹の「家内」は大小の「緑星旗」を夜なべに作った。

この 19 年末、従来の協会に代わって、学生を中心として「日本エスペラント学会」が発足した。それは、単なる「言語経済主義」というような「実利主義的運動」でなくなり、漠然とした「一種の宗教的熱情に溢れた運動」で「平和主義的理想主義」になった。400 人の会員は、大震災前の 1923 年には 2300人に達した（＊高木弘「日本のエスペラント運動」『エスペラント』1936 年 2 月号、26 ページ）。

1920 年 10 月 1 日の総会で、眞曹は 19 名のうちの、学会の評議員に選出された（＊ *La Revuo Orienta*. 1920 年 10 月号、10 ページ）。

このような変容しつつ盛り上がった機会のなかで、独立した「横浜エスペラント協会」ができた。眞曹は会の運営を若い人に譲って、エスペラント語を「実業方面に運用する事に力を尽さん」と思うにいたった。つまり「エス語で商売する会社」の設立である。

当初は、高橋邦太郎、間泰蔵に諮った。浅井恵倫、児玉四郎、坂井田梅吉、その他1名を加えて、日本エスペラント貿易商会（Japana Esperanta Komerca Korporacic）を創立した。1920年（大正9）2月28日、旧居留地の山下町70c に店を開く。技師の高橋邦太郎が社長に就任する。

　眞曹の勤務先の横浜正金銀行は、内規で「行員たるものは他の営利事業に従事する事を得ない事」になっていた。それがゆえ「断然銀行の職を擲つて一意商会の事に従ふ積り」で、辞職の「固い決意」を穂積太郎取締役に相談する。それで力をえて、支配人の森廣蔵に辞職願を正式に出したところ、その「不可」を熱心に説き諫止された。だが「振り切つて辞職」してしまう。親族で唯一、賛成してくれたのは義兄の久保田貫一である。

　時は、世界大戦が終結したものの、戦後恐慌が起こる直前であった。日本銀行は20年4月10日、財界救済の非常貸出を声明する。眞曹によると、創業した商会は「思ふ様に商売も出来ず業態も二三度変更してやつて見ましたが思はしく」なかった。1923年9月1日の関東大震災で、商会はついに「跡形もなく消ゑ失せて仕舞ひました事は残念千万」でした。

　だが、眞曹はこの商会が「世界で第一番」に創業されたのが「愉快に」思った、と吐露する。もう少し、時機をみて、いま少し「自重」してやったなら「も少し永続性があつたらうと返す返すも遺憾に堪ゑません」と、倒産後に至っても、いささか自負の念を抱く。

　眞曹は言う ──「私は此仕事が失敗に終つた事は残念でたまりませんが、其為めに銀行の職を棒に振り、僅か計りの財産を失つた事などは何んとも思つて居りませんが、只商会の同人に対して御迷惑をかけた事は、誠に相済まぬ気が致しまして、今に寝覚が悪いので御座います」（39ページ、読点は引用者も追加）。大震災後の横浜支部は椎橋好が中心となった（＊『エスペラント』第4年1号、1936年1月、32ページ）。一方、眞曹は神戸に転居し、河野貿易株式会社に勤務した。

　翌1924年3月19日、佐世保鎮守府の沖で第四十三潜水艦は基本演習中に、軍艦の龍田と衝突事故を起こし沈没した。潜水艦長は艦長見習の大尉、35歳の桑嶋新である。眞曹とは「又従兄弟」の関係であった。前橋市才川町出身、妻とのあいだに男の子が1人。1913年12月少尉、15年12月中尉、19年12月大尉と昇進した（＊横浜貿易新報、1924年3月20日、5面）。

　新の少尉時代に、眞曹はエスペラントの冊子を送って勧誘したものの、趣味を喚起しなかった。だが、佐世保に転勤後、新はどうした動機か「急テンポで」

やりはじめた。死去前には佐世保エスペラント会を「牛耳つて随分盛にやつて居た」。

　つまり、当時のエスペラント誌によれば、新は 1919 年横須賀港に滞在中に入会し、22 年台湾の馬公港に転勤になるや、同地の将校と研究会を立ちあげた。同年 10 月、佐世保港に転勤となる。佐世保図書館で講習会をするうちに、翌 23 年 1 月佐世保エスペラント会を津川、石黒、粟屋らの士官とともに設立した。潜水隊エスペラント会である。

　それは第四十三、四十二、十八、二十一各潜水艦、第十五艇隊、馬公及び佐世保防備隊を包含するものであった。新は管轄する第四十三の士官室で毎週 2 回、研究会を開いた。いずれは、エスペラント語の「海軍用語集」を作りたいと語っていた。

　新は 1912 年、海軍兵学校を卒業する（40 期）。同期生が語る──「以前から樺山〔資紀〕元帥に非常に可愛がられ、元帥邸の書生をして苦学力行」した。酒も飲まねば、煙草も喫まない、ごく真面目な人で、むしろ人格者として同僚からも敬愛されていた。しかも潜航艇については「他人の追従を許さぬほどの研究家で、軍人に似ず近頃はエスペラントの研究などをし、現に佐世保ではその講師をやつてゐる」（＊東京朝日新聞夕刊、1924 年 3 月 20 日、1 面、読点は引用者も追加）。

　樺山資紀は薩摩出身、元帥でなく、海軍大将である。では、新が、樺山の書生としての関係を築くことができたのであろうか。

　──上毛の蚕業家に其人ありと知られたる研業社長、桑島生糸商店主主人、桑嶋新平氏は今回、群馬蚕糸業組合頭取に選出せられたるが、氏は元富岡製糸場長速水堅曹氏の実兄にして、同業者中、老練と実直を以て其名、隣県まで轟き、彼の上目黒なる西郷〔従道〕伯爵、樺山〔資紀〕子〔爵〕の別邸に於る養蚕も、同氏の統轄する所なりと云（＊読売新聞付録、1894 年 4 月 29 日、5 面）。

　すなわち、新の祖父＝新平は薩摩閥で、海軍の重鎮でもある西郷と樺山の「養蚕」づくりを「統轄」する立場にあった。それはこの報道によって、両者を結びつけたのが実弟の速水堅曹であったと推断できる。その流れで、新平の孫である新は、樺山邸の書生として取り立てられたのであろう。

　さて、潜水艦は 1921 年ごろの新造で、潜水艦としては最新式の 800 トンであった。乗組員 30 余名は「全力救護作業」の甲斐もなく、死亡が 3 月 27 日付で認定された。同日付にて、新は少佐に昇任される。

　海軍葬は 4 月 22 日おこなわれ、新の遺骨が 27 日の夜、東京に到着したとき、

エスペラント学会は「盛なお迎へ」をして、佐世保時代の尽力に報いた。翌28日午後、四谷の基督教会堂で鎮魂際があり、花環を霊前に供え、エスペラント語の追悼辞が読みあげられた。

　ところで1926年（昭和元）、眞曹は久留米に転じた（＊柴田巌・後藤斉編『日本エスペラント運動人名事典』ひつじ書房、2013年、411ページ）。

　それは、以下の事情によっていたと推察できる。眞曹は「幼少より父の膝下」にあって、謡曲を聞き覚えた。声調は「人をして感嘆せしむる」に至る。松下金太郎、松崎新吉等の諸師について学び、益々「円熟の妙境」に進む。謡曲の歴史、故実にも通じて「宝生流の達人」であると、資料Aは語る。

　1923年9月の関東大震災以前の横浜は、宝生流の維新後の「発祥の地」であった。横浜宝生会は、春秋の二季に催される「伊勢山皇大神宮」の能舞台は「満員」とする盛況ぶりであった。だが、大震災で舞台は焼け、貿易商や商館は東京、大阪と分散した。盛況とはいえない状況を現出する（＊『宝生』1940年7月号、44ページ）。

　そのような時代背景と、もう一つの事情が眞曹をして、神戸から福岡県久留米へと向わせたように思われる。後者の事情とは、久留米宝生会のそれである。久留米藩は当初、観世流であった。しかし、藩主の命で「時流」に従って宝生流を採用した。

　維新後は一時、衰退する。だが、西南戦争後に至ると、旧藩主、富豪の中には、点茶、挿花、謡曲等の芸術を好む者が起こる。明治30年前後、謡曲は次第に流行する。

　特に大正初年からは、群馬県人の新井道之が謡曲を指導した。新井は謡曲では、宝生九郎、松本金太郎の門人、小鼓が幸流家元の三須平司の門人である。新井夫妻は久留米市櫛原町に住み、謡曲と小鼓を授け「名声」が高まり、市内の知名の人士が就いて学ぶ者がすこぶる多かった。だが道之は1922年（大正11）6月、三瀦郡城島町で「客死」した。

　つまり、久留米で隆盛を誇った「新井師」没後の、群馬県人としての引きであろうか。眞曹は、新井の没後の「昭和の初め」にいたって、久留米市櫛原町に「住して」同好者を導きつつあったと報じられる。その紹介記事で、眞曹は松本金太郎の門人で、速水堅曹の子であると紹介された（＊『宝生』1936年9月号、33～34ページ）。

　1938年（昭和13）8月号の『宝生』誌上でも、眞曹は久留米の「宝水会」で指導すると報告がなされる（50ページ）。いずれの宝生誌にあっても、眞曹

は「信宗」と表記される。いつの改名であるかは課題である。

　ところで眞曹は 1912 年（明治 45）12 月 1 日、東京市牛込区揚場町に住む最晩年の父親を横浜市南太田町 1990 番地に転居させた。エスペラントに熱中していた時期である。

　堅曹はその年の 9 月、肝臓病を患って一時危篤に陥る。だが、快方に向かう。その最中の転居であった。翌年 1 月 17 日、ひたすら療養に努めたにもかかわらず、横浜の地で死去した（＊横浜貿易新報、1913 年 1 月 21 日 1 面、報道では死去を「去十八日朝」とする）。

　眞曹は堅曹の傍で仕込まれた謡曲も、自らの意志で掴み取ったエスペラントの魅力も手放さなかった。後者への傾倒ぶりは趣味の域を超えた。だが、実業面の応用を図るに及ぶも頓挫する。それでも、横浜、久留米のエスペラント運動に「積極的に」参加する。

　しかも、眞曹は横浜の機関誌に毎号「表紙を寄せた」といわれる（＊前掲『日本エスペラント運動人名事典』411 ページ）。掲載誌も含め「表紙」は未見であるが、絵筆も捨てていなかったことがわかる。それを知って、安堵する。

　眞曹の妻の千枝、長男の益男も、エスペラント協会の会員であった。技師で、エスペラント語の解説書を書いて活動した小坂狷二が「日本エスペラント運動の父」といわれたとすれば（補注 5）、眞曹はどうか。

　最初期からの全国組織の日本エスペラント協会、同学会評議員でありつづけた眞曹は、やはり「日本エスペラント実業化の父」の称号が相応しい。

　眞曹は 1948 年（昭和 23）11 月 27 日死去した。

　次男の卓爾は、1879 年（明治 12）6 月生まれである。以下の資料（C）は、卓爾生前の人事録をそのまま掲出した。

　Ｃ「大日本化学工業㈱鶴見工場長兼事務長　麻布区市兵衛町二ノ八一　（横浜宅）鶴見区鶴見町一〇四六　〔閲歴〕本府堅曹五男、明治十二年六月十日本市に生る、鉄道省技手、機関庫主任、運輸課長歴職、現社鶴見工場事務長を経て昭和十二現職　宗教禅宗　趣味謡曲　〔家庭〕妻なほ（明一六）　長女すみ子（明三九）　二女なみ子（明四一）　三女ふみ子（明四二）は各稼す）（＊『大衆人事録』第十四版、東京篇、東京秘密探偵社、1942 年10 月、798 ページ、一字空白は原文のまま、読点は引用者）。

C資料によれば、卓爾は堅曹の「次男」である。だが、Cは「五男」とする
も五番目の子の意味であろうか。生年月日は「明治十二年六月十日」とする。
しかし「十日」でなく「八日」が正しい。卓爾が生れるや、長女の徳の連れ合
いである久保田貫一が命名した。

　勤務先は、鉄道省の技手を振り出しに、機関庫主任、運輸課長を歴任した。
その後は、大日本化学工業に移って鶴見工場事務長をへて、1937年（昭和12）
には鶴見工場長兼事務長を勤めつつあった。

　大日本化学工業は、1943年5月に「陸軍省の指示」で、味の素製造の鈴木
食料工業株式会社から改称させられた名称である（＊『味の素株式会社社史』1、
1972年、409ページ）。従来の味の素製造は減少させられつつ、軍需に対応す
る製品を納める生産体制になった。会社の改称時期と出典刊行の時期が前後、
逆になっているのは腑に落ちないものの、そのままにする。

　卓爾は1908年（明治41）3月27日、斎藤ナヲと結婚した。長男卓爾の結
婚の二日後である。1944年（昭和19）11月5日に没した。　　　　（内海孝）

＊補注
1　久保田貫一が東京日日新聞社に関係したらしい感触をえて、西南戦争時期の同新
　聞をめくる。戦況の署名記事だけなく、その他の署名、仮名（千河岸貫一）、無署
　名（文中で「我輩」と書き福地の「我曹」とは違いがある）の論説も執筆してい
　ることが判明した。そこで、念のために、宮武外骨と西田長寿『明治新聞雑誌関
　係者略伝』みすず書房、1985年に当たってみる。さすが、明治期の新聞雑誌を熟
　読玩味した碩学の眼で「久保田貫一」を項目として立てる（65ページ）。本稿では、
　これを上回るような内容にしたことを申し添えたい。
2　久保田貫一は1876年（明治9）4月19日、内務省勧業寮の4月14日に掲載さ
　れた「禾花媒助法廃棄ノ件」の公報に対して、社説で「疑点」がありと追求した。
　媒助法の是非得失でなく、公報の真意がどこにあるか不明である——
　「吾輩ハ、天下国家ヲシテ明治年間ノ勧業寮ハ軽率ニ農業ノ進歩ヲ妨碍シタイト評
　セシムルヲ冀ハザルナリ、英才職ニ在リ、賢吏務ニ熱心シテ天下ノ百業ヲ勧奨シ、
　汲々トシテ国産ノ増殖ヲ経営スルノ勧業寮ニシテ、豈軽々ノ判決ヲ以テ半信半疑
　ニ媒助法ヲ廃棄セシムルノ理アランヤ、吾輩ハ断乎トシテ其然ラザルルヲ確信ス
　ルナリ」（1面）。
　　その結果、勧業寮は4月21日の同紙一面で「件名ノ疑フ者アリ」として、公報
　を改めて発したほどである。
3　1877年7月〜78年6月までのコレラ患者は全国で1万3816人、死者が8027人
　を数えた（＊「衛生局第三次報」第三表乙第二号）。致死率は58パーセント、旧
　来の主要な伝染病＝天然痘にくらべ、3倍もの高さである。そのうち、西南戦役
　の終結した直後の1877年10月が流行の頂点に達し、患者数は1万644人を記録
　する。8月0人、9月1871人、11月1187人、12月58人に比べてみても、10月
　の患者数が際立つ（＊同上、第三表甲号）。

つまり、近代日本の伝染病発生史にとって、西南戦役は最初のコレラ大流行を全国的に引き起こし、その流行を促進したという側面があったことを忘れるべきではない。その結果として、久保田が戦役取材を終えて10月初旬東京に帰還したとき、新聞紙上はコレラ流行の記事が埋まっていた。

上記の衛生局統計は、年の数値が当時の会計年度（7月〜翌年6月）によっていることに注意しなければならない（＊内海孝「竹原万雄『近代日本の感染症対策と地域社会』書評」『日本歴史』第886号、2022年3月、93－95ページ）。

4　本資料は、新宿区早稲田の日本エスペラント協会所蔵による。相川拓也事務局長は、速水信宗の別な論考「十国峠宣伝行」を教示された（＊ *La Revuo Orienta*.1941年9月号、XXII、pp. 33－34）。お礼を申しあげる。

1920年1月28日、日本エスペラント貿易商会を共に考え創設し、社長になってもらった高橋邦太郎を偲ぶ文である。高橋は1907年1月27日、大連でエスペラント語の教科書を初めて手にした。当時、日露戦争後の鉄道復旧に従事中で、野戦鉄道技師の経歴をもつ工学士である。会員番号421の眞曹とは、日本エスペラント協会の、草創期からの同じ特別会員（会員番号740）、評議員であった。

だが、一緒にかかわった貿易商会が「旨く行かず、多大な御損をおかけした事は今でも恐縮に思つて居る次第」です。そのうえ「私事に就ても色々御世話になつて居りました」と眞曹は、公私ともども「御世話」になったことを語る。

私事の「御世話」は気になるところとして措く。この偲ぶ文は1918年11月23〜24日、横浜支部の「遠足会」をやるについて、静岡の高橋翁を「お誘い」して快諾された参加記の顛末である。

当時の横浜支部の会員数は「やつと十指を屈する」にすぎなかった。佐々城佑、尾関利雄、椎橋好、眞曹の会員、高橋翁が参加した「十国峠宣伝行」である。宣伝とは十国峠に行き、付近のどこかにエスペラントの「宣伝」を白ペンキで書く。

23日、静岡から御殿場経由の翁を国府津駅で待つ。小田原からは「軽便」に乗り換え、熱海行きに乗車する。伊豆山に宿をとった。24日は熱海から十国峠に上る。

昼に着く。弁当を食べると、抱えて持参した白ペンキで、大岩に「宣伝」を書く。どのような宣伝であったかは記載がない。だが、それが「一般大衆への宣伝に役立つたかどうか疑問」としつつ、とにかく「遊びの遠足に宣伝を怠らなかつたとゆう、同志間への宣伝には役立つた事と思う」と、生真面目さが回想録ににじむ。

5　小坂狷二は戦後の1952年（昭和27）4月、神奈川大学工学部の機械設計法機構学の教授に就任した（＊神奈川大学通信、第3号、1952年4月1日、3面）。齊藤研也氏の教示による。

3、堅曹の趣味・謡

謡は、謡曲ともいう。謡曲は「能の台本」として書かれた。その総数は、室町時代末まで作られたのが「八百番前後」と推測されている（西野春雄校注『謡曲百番』岩波書店、1998年、巻末「古今曲名一覧」を参照されたい）。

謡曲の構成は「序破急」である。序は冒頭部分、長くないようにする。破は中ほどの、表現の細やかなことを意味した「主体」部分で、十分な長さをもつ。

急は最後の部分で、手短に切りあげる（＊野上豊一郎「解説」『謡曲集』上、朝日新聞社、1957年）。

　能は武士によって育てられた芸能である（＊西野春雄「解説」）。江戸幕府の慶事には、数日間にわたって能が催された。幕府の年頭行事として名高い正月三日の「謡初」も、式楽としての能の地位を象徴した。幕府と諸藩は、扶持を与える保護者であるとともに厳重な監督者であった。だが、維新前後、幕府からは減禄を申し渡され、能役者は一時に窮地に陥った。しばらくして、新政府の岩倉具視や安田善次郎の保護を受けるように至る。

　一方、謡曲は江戸時代以降、盛んに謡われてきた。特に中期以降、能と切り離された形であった。謡本の刊行がそれを物語る（＊小山弘志編『謡曲・狂言・花伝書』角川書店、1958年）。しかも、謡曲という語が広く通用するのは江戸時代末期以降であるらしい（＊伊藤正義校注『謡曲集』上、新潮社、1983年）。寺子屋の教材にもなった。

　さて、堅曹の趣味は書道、和歌など多彩である。謡は幼少より親しみ、宗家から免状をもらい、隠居してからの「寔に愉快なり」と楽しむ姿はほほえましい。趣味として極めるところまでいったのではないか。堅曹の謡は子供、親族にも大きな影響を及ぼしたことが確認できる。日記と自伝から謡についての箇所を列記してみたい。

『速水堅曹履歴抜萃自記』
　天保十二年〈1841〉　　　二歳〔満〕
　　　古状揃及高砂ノ謡ヲ暗誦セシト云
　安政五年〈1858〉　　　十九歳
　　　本年ヨリ鹿沼泉平ニ謡ヲ学フ
　安政六年〈1859〉　　　二十歳
　　　正月三日夜　御謡初
　安政七年〈1860〉　　　二十一歳
　　　芸術ハ（略）謡鹿沼〔泉平〕
　慶応二年〈1866〉　　　二十七歳　　〔九月に前橋に移る〕
　　　十二月二日、日吉俊也ニ謡ヲ学ヒ、又同人ヲ以宝生太夫ニ入門ス、
　　　而シテ免状ヲ得ル
　明治二年〈1869〉　　　三十歳
　　　四月下旬宝生太夫ニ面談シ、乱曲ノ三伝ヲ受ク
『六十五年記』

「三歳の時始めて古状揃と高砂の小謡を暗誦し」〔『速水堅曹資料集』7
ページ〕

「明治二十五年一月一日晴。

　吉例の如く官員始エ男女の年禮をうく本月四日エ男女を慰めんと前橋
上り能役者を呼

能を行ふ。加茂　春榮　鉢木　船辯慶　祝言高砂　狂言　栗焼　末廣か
り　惣八　船辯慶　間　等なり。」〔同上 78 ページ〕

「〔明治二六年〕是より楽業を学ばんとす又老楽に謡曲をも学ばんと松本
金太郎氏を招き月々四五度の稽古を為し野口正兵衛氏を招きて月々七八
度謡曲の同吟を為し寔に愉快なり」〔同上 81 ページ〕

「〔明治二八年〕十月二十三日野口正兵衛氏没す。

　千年経む松とも見えてかたはらの　紅葉とちりし君そはかなき」〔同上
84 ページ〕

　堅曹は数え 3 歳で古状揃と高砂を暗誦したという。武士たちは教養、たしな
みの一つとして謡を習った。徳川家は 11 代将軍から観世流を宝生流に変える。
川越藩は宝生流と決められていた。堅曹は『速水家累代之歴史』に次のように
書く。父の政信は「謡ヲ好ミ能諷シテ弟子多シ」、祖父の戍信は「宝生流謡小
鼓等ヲ好ミ常ニ之ヲ楽ミトス」と。代々謡を楽しみ、弟子を取るほどの家で、
堅曹も幼少から手ほどきを受けたであろう。

　日記によれば、堅曹は 20 歳、謡を本格的に習いはじめた。27 歳の 1866 年
（慶応 2）に前橋に移るが、それからは日吉俊也という前橋藩お抱えの実力の
ある先生について学んだ。日吉俊也を通して、宝生流宗家の宝生太夫に入門し
た。宝生太夫は明治の 3 名人の 1 人といわれた宝生九郎知栄（ともはる）である。
彼から免状を得ている。それは、宗家の孫弟子になったということを意味する。
宗家に入門してから 3 年目の 1869 年（明治 2）、30 歳、堅曹は東京の宗家の
もとへ伺い、宝生太夫から「乱（蘭）曲の三伝」というのを受ける。これは稽
古の段階では最終で、最後の稽古である。謡の稽古をすべて終えた人が、自分
の力量をもって謡うとされている。「蘭曲」といわれる謡本のなかの 3 つの謡曲、
つまり「一字題」「雪月花」「飛鳥川」を許されて、宗家の宝生太夫にみてもらっ
た。このとき、堅曹の謡はかなりの実力を示していたことがわかる。

　しかし、この日記の記載後は、自伝に 1892 年（明治 25）正月、富岡製糸所
に前橋の能役者を呼んだという記述が出現するまで、謡の記事はない。能楽は
維新前後になると衰亡の危機にあったといわれる。だが堅曹に即してみれば、

武士のたしなみの時代が終るやいなや、蚕糸業起業と生糸貿易振興の仕事に忙殺され、趣味の領域に入った謡を楽しむ余裕がなくなったと考えてよい。

江戸時代までは武士たちに奨励され、各藩はそれぞれの流派を持ち、盛んに演じられていた。だが、能楽に手厚かった武士社会が崩壊すると、宝生九郎は1868 年（明治元）9 月、将軍家の庇護から離れ天皇に仕える「朝臣手続」をした。商売に手をだし、その後は農業を営み、能楽の道を離れるつもりであったと回想している（＊柳沢英樹『宝生九郎伝』わんや書店、1944 年、27 ページ）。

その意味で、堅曹が宗家の宝生太夫＝九郎に稽古をつけてもらったのは、九郎が能楽を辞めて隠居を決め込んだ時期である。

1876 年（明治9）4 月、新政府の重鎮、岩倉具視は自邸行幸を実現した折には「天覧能」を催した。以後も、しばしば天覧能を催して復興に力を貸した。梅若実の側面援助も見逃すことはできない。このように隠居を決め込んだ宝生九郎を舞台に復帰させた。

宝生流は 1886 年（明治 19）、九郎の信任が厚かった弟子の松本金太郎を中心にして復活を目指した。明治 20 年代初めには現在につながる「宝生会」を創立する。宗家の宝生九郎は復帰してから能楽全体の復興にも尽力して、名人として活躍した。

ところで 1892 年（明治 25）の正月 4 日、富岡製糸所での能の催しは、自伝の記録でもわかるように、加茂をはじめ 11 以上の演目が演じられた。1 日中、工女や工員たちを楽しませた。では堅曹が所長を務めていた富岡製糸所において、この時点で、なにゆえに能が演じられたのであろうか。

かつての武家社会を彩っていた祭事の能楽を、製糸所の経営を軌道に乗せるのに協力してきてくれた工女、工員たちの多年にわたる労苦に報い、彼らには縁遠かった幽玄な世界を味わわせたい想いとともに、前橋の能役者たちをも応援したいという側面もあったのではないかと思われる。

堅曹は翌 93 年の 9 月、富岡製糸所の払下げを行ない、無事に三井家に渡し、富岡を去った。東京に戻って隠居生活となる。堅曹の『六十五年記』によると、それからは謡三昧をして楽しんだとある。宝生九郎の一番弟子で復興に尽力した松本金太郎には月に 4、5 度稽古をつけてもらい、同じく高弟の野口正兵衛とは月々 7、8 回も同吟をして、じつに愉快であったと書く。謡が心底、好きであったことがわかる。

堅曹は 1898 年（明治 31）年から宝生会の評議員、1903 年からは幹事を務めている。1911 年 2 月の『能楽画報』には「謡本の誤字」という寄稿もする。

1913 年（大正 2）1 月に堅曹が亡くなったとき、『能楽画報』第 6 巻第 2 号
では「前宝生会の幹事として同会が維持困難の際にその経営に当られし同氏は
永く病床に在られしが一月十五日横浜なる邸宅にて不帰の客となられたりと
噫」と、その功績を称えて追悼した。

　ところで、堅曹長男の眞曹は、後に九州で謡曲師として活躍している。九州
の久留米に「久留米宝生会」があって、そこでの活躍の写真が多数残る。医師
の栗本東明に嫁いだ堅曹次女の久米は「極めて多芸」で和文、和歌、書道、長
唄と並び、宝生流謡曲も長けていたと栗本の知人の随筆にある。

　堅曹の甥、遠藤鏘平は戒名に「謡」の文字がつくほど、謡曲を趣味とした。
能楽師を職業とした甥の遠藤勝好も、東京の宝生流の宗家に弟子入りした。勝
好の墓誌には謡曲を「速水堅曹氏ニ學ブ」と刻まれた。江戸時代の能楽が黄金
期であったとすれば、明治、大正期のそれは裾野が広がって「最盛期」であっ
たといえよう（前掲『宝生九郎伝』142 ページ）。

　謡曲は近代の日本にとっては、とても身近な趣味の領域にあった。速水家一
族も下級武士の時代からの名残か、嗜む人が多かった。　　　　　（速水美智子）

あとがき

　速水です。家内が来てくれないかと申しています。

　2021年8月15日の午前である。家にいるころを見計らって電話が来ると、いつも快活であった速水美智子さんがこの日は出ない。午後3時半、藤沢のご自宅にうかがう。

　この年にお会いしたのは3月18日午後、コロナ感染を避けるため、ご自宅に近い藤沢市役所の広いロビーである。つぎが5月4日の午後である。ご主人の壽壮さんを交えて、ご自宅で会う。いずれも、用件は速水堅曹研究会の原稿とその課題である。あさっては、病院で再検査があるといわれ帰宅した。

　訪れると、明るい笑顔がある —— すいません、こんな格好で、こちらの驚きを見透かされたようであった。指示をふくみ、原稿の編集をすべて託される。顧問とはいえ、速水さんがいるという気安さで、なるべく関与しないと考えてきた。だが、いまや、すべてを編集しなければならない重圧が一気に押しよせる。

　落ち着かない。2日後、午後4時半なら訪問してもよいといわれ、速水さんの親友の片岩榮子さんを誘う。ふたりだけの会話が弾む。片岩さんは群馬で、1898年（明治31）に「鈴木裁縫伝習所」を創設し、現在に繋がる家系である。

　速水さんは、お元気である。

　8月29日午後、壽壮さんから電話がある —— 24日に亡くなりました。家族だけで葬儀も済ませました。

　9月29日午前、速水宅に行く。事前に探してもらった原稿を確認して、編集用にUBS化の作業をする。近くに住む長女の齋藤可奈子さんが引き受けてくれた。帰り際、家内が乗った自動車も、動かなくなって廃車にしたという。

　つくばナンバーの車に、数回同乗した。文生書院の2014年刊行『速水堅曹資料集』を編集する段階からである。堅曹の母、松が生まれた埼玉の旧藤倉村に行きたい。車でないと不便と、少しも厭わずに2回も連れて行ってくれた。

　刊行後の翌15年12月26日、千葉は房総半島である。堅曹自伝「六十五年紀」を連載した雑誌『蚕業新報』の出版社主、竹澤章の旧宅を訪ねる。川崎から同乗した。海ほたるをへて、保田からは鴨川に向かう長狭街道の、曲がりくねった山道も、難なく運転する。近くの不動尊、大山千枚田にも寄った。速水さんが計画した、子孫にお礼を述べるための、じつに、律儀な行程であった。

　帰路は、わたくしが案内役である。堅曹が1865年に天狗党降参人の受取に行った大喜多城、前橋藩の白井宣左衛門が切腹した富津陣屋跡に行く。大多喜

で堅曹が味わったかもしれない酒蔵では、おみやげに日本酒を購入した。富津に近づくも、左手に夕焼けが広がる。その光を頼りに、たどり着く。

　自動車を自在に使いこなす速水さんの弱点を知ったことがある。堅曹資料集刊行直後の 2014 年 9 月 23 日、速水本家の眞曹長男益男の夫人、美代子さんに献本したいと同道する。大船駅から歩ける距離とわかり、歩く。玉縄城址脇の坂道が多く、速水さんは汗を流し、息も荒い。着くや、美代子さんは汗の多さに驚くも、献本を抱きしめる。帰りはタクシーにしなさいと呼んでくれた。歩きなれていなかったのである。

　律儀といえば、礼を失ったことがある。堅曹資料集に収載した堅曹自伝「六十五年紀」は、雑誌『蚕業新報』の連載記事であった。原本を傷めないで判読できる影印本にするために、出版社の文生書院がもつ最新の技術力を使う方法しかなかった。

　原本所蔵者は、東京農工大学図書館府中図書館である。友人の横山岳教授の仲介で図書館長の特別貸与許可願いがえられた。だが、迫る刊行期日に忙殺されて、所蔵者名を銘記し忘れてしまった。この場を借りて、お礼を記す。

　さて、わたくしと速水さんの出会いは 2005 年 9 月である。大学の研究室に堅曹の自伝資料はどこにあるかと、尋ねる電話であった。わたくしが 1987 年 7 月に手がけた藤本實也著『開港と生糸貿易』全 3 巻の復刻版の、解題と索引をみてのことである。

　この長い問い合わせの電話をきっかけに、その後も電話かお手紙で連絡が来る。2007 年 6 月 9 日、横浜ではじめて会う。原三溪市民研究会を立ちあげ、最初の会合が開かれたときである。研究会は、藤本實也が 1945 年 8 月に脱稿した生原稿、およそ 1800 枚の『原三溪翁伝』を活字出版化する目的でつくった。

　この生原稿を無断で使用して、あたかも自分の研究のごとく振る舞う人がたえなかった。著者はそれを悔しがって死去したという話を、わたくしは 1979 年の春、ご遺族の藤本道子さんを訪ね、お聞きしたからである。

　原三溪＝富太郎は 1902 年（明治 35）9 月、富岡製糸場を三井家から引きつぎ 1938 年 7 月まで経営した。横浜の生糸貿易商で、堅曹を幅広く捉えるのに参考になる。もし無理でなければ、参加したらどうかと問うた。

　群馬の中嶋弘さん、築比地規雄さんを誘って、速水さんは毎月の例会に横浜まで通ってきた。例会後はきまって、有志で居酒屋に繰り出す。築比地さんの命名「内海ゼミ」で、速水さんとは時に堅曹、親族への抱負を語り合った。原稿『原三溪翁伝』は 2009 年 11 月、横浜銀行の小川是頭取の耳に聞こえ、同行

の出版助成をえられ、思文閣出版から刊行された。同行初代頭取が無給の原富太郎であったからである。900 ページ余の本になった。

　原三溪市民研究会はその後、廣島亨会長のもとで引きつがれ、速水さんは事務局次長として運営を精力的に担ってくれる。藤岡の根岸五百子さんを紹介してくれた。お父さんの鈴木政次は原三溪の秘書であった。

　そのうちに醸成されてきたのが堅曹資料集の編集出版計画である。2012 年 7 月 10 日、出版社の文生書院に速水さんをお連れし、社長の小沼良成さんを交えて計画を煮詰める。編集中の 2014 年 6 月、堅曹が所長を務めた富岡製糸場が「富岡製糸場と絹産業遺産群」というかたちで世界遺産に登録された。

　つづく 8 月 30 日、前橋市は石井寛治東京大学名誉教授を主として文化講演会「日本製糸業の先覚／速水堅曹を語る」を実施した。それは翌 15 年 3 月、前橋学ブックレットの第 1 号として結実される。

　その意味で、わたくしも堅曹だけでなく、堅曹の親族についても、関心が深まったことはたしかであった。そのことを速水さんに強調した。それでも、わたくしはあえて、これ以上は関与したくなかった。だが、速水さんは本書の母体「速水堅曹研究会」を結成し、顧問になるように強く要請した。

　同研究会の設立は『速水堅曹資料集』刊行後の翌年、規約で 2015 年 4 月 16 日とする。会員は速水美智子（代表）、小林春樹、西塚昌彦、遠藤誠、顧問はご主人の壽壮さんとわたくしである。わたくしを除き、堅曹の親族である。

　会員は 2006 年 12 月 7 日を期し、堅曹を縁にして、手探りの状態からしだいに結び繋がった。一堂に会したのは二年後、2008 年 1 月 17 日である。この日こそ、いま思い返せば、わたくしもふくめ全員が集まっていたことになる。

　ところで、研究会の例会は月一回、茨城県守谷の速水宅でおこなった。関連する場所への調査も実施した。わたくしは 2 回しか、参加していない。

　2017 年 4 月 6 日、藤沢市文書館に行く。手前の信号で待っていると、背後で呼びかけられた。乳母車を押す速水さんの長女、可奈子さんである。独身時代から知っている ―― 近くに住んでいます。3 人目の子で、来週の水曜日は母が子守に来てくれます。

　12 日の水曜日、可奈子さん宅で会う。近くのとんかつ屋「わかさ」、遊行寺、和菓子屋「井本」を案内する。速水さんは子供時代の夏休み、東京の家を離れ藤沢駅近くの貸し別荘で過ごしたと語る。自身も可奈子、広一、昇平のご三人を育てた経験からか、その後は子守を優先して藤沢に転居した。

　藤沢の例会は 2018 年 2 月 18 日が最初で、最後の例会は新年会を兼ねて

2020年1月19日である。わたくしが藤沢例会に参加したのは1回、18年3月21日大雪の日であった。例会は守谷33回、藤沢21回、計54回、そのうち11回が屋外の調査である。

　さて、原稿の出版化日程が迫った矢先に、速水さんが旅立つ。編集の手島仁さんからは、来年の命日に刊行したいと連絡が来る。だが、授業もつづけ従来からの依頼原稿もある。

　原稿を本格的に校閲しつつ改訂、増補する作業は翌22年4月以降となる。速水さんが作成した出版計画表と照らし合わせ、手元にない原稿も判明する。会員に呼びかけ、長女の可奈子さんに集約して転送してもらう。コロナ禍で、資料の再調査も難航する。

　しかも、出版計画表にあって、ない原稿に気づく。それは、堅曹にとって最も身近な親族中の「家族」とくに子どもたちの原稿である。速水さんは最後に手を着けるつもりでいたにちがいない。だが、これがない「親族本」はありえない。

　手島さんは前橋学ブックレット刊行計画を変更して、わたくしたちの原稿が仕上がるのを待ちつづけてくれた。感謝するしかない。

　速水美智子さんの霊に捧げるとともに、応援してくださった方々にお礼を述べたい。

内海　孝

速水家・遠藤家・西塚家　家系相関図

速水家

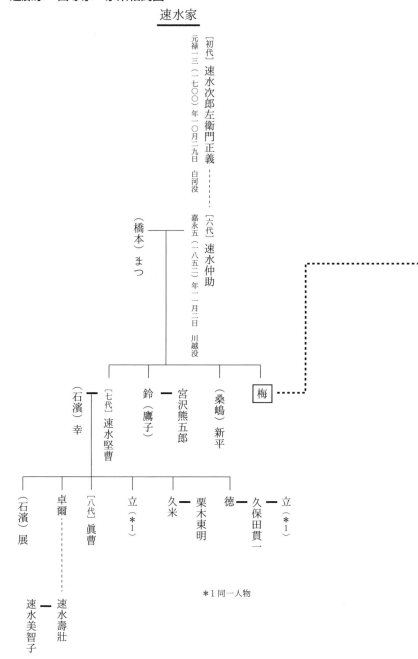

［初代］速水次郎左衛門正義　元禄一三（一七〇〇）年一〇月二九日　白河没

［六代］速水仲助　嘉永五（一八五二）年一一月二日　川越没

（橋本）まつ

（石濱）幸

［七代］速水堅曹

鈴（鷹子）

宮沢熊五郎

（桑嶋）新平

梅

（石濱）展

卓爾

［八代］眞曹

立（＊1）

久米

栗木東明

徳

久保田貫一

立（＊1）

速水壽壯

速水美智子

＊1 同一人物

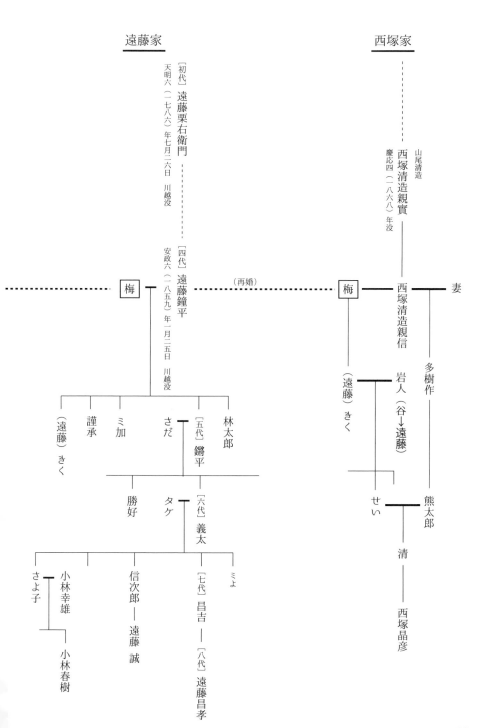

遠藤家　　　　　　　　　　　　　　　西塚家

山尾清造

西塚清造親實
慶応四（一八六八）年没

[初代] 遠藤栗右衛門
天明六（一七八六）年七月二六日　川越没

梅　　　　（再婚）　　　梅　　　西塚清造親信　　妻

[四代] 遠藤鐘平
安政六（一八五九）年一月三五日　川越没

（遠藤）きく

林太郎

[五代] 鏘平

さだ

ミ加

謹承

（遠藤）きく

（遠藤）きく

岩人（谷→遠藤）

多樹作

熊太郎

せい

清 ── 西塚晶彦

勝好

タケ

[六代] 義太

ミよ

[七代] 昌吉 ── [八代] 遠藤昌孝

信次郎 ── 遠藤 誠

小林幸雄

さよ子

小林春樹

[編著者]

速水堅曹研究会

速水美智子（代表　速水家子孫）

西塚　晶彦（会員　西塚家子孫）

小林　春樹（会員　遠藤家子孫）

遠藤　　誠（会員　遠藤家子孫）

内海　　孝（顧問　東京外国語大学名誉教授）

創刊の辞

　前橋に市制が敷かれたのは、明治25年（1892）4月1日のことでした。群馬県で最初、関東地方では東京市、横浜市、水戸市に次いで四番目でした。

　このように早く市制が敷かれたのも、前橋が群馬県の県庁所在地（県都）であった上に、明治以来の日本の基幹産業であった蚕糸業が発達し、我が国を代表する製糸都市であったからです。

　しかし、昭和20年8月5日の空襲では市街地の8割を焼失し、壊滅的な被害を受けました。けれども、市民の努力によりいち早く復興を成し遂げ、昭和の合併と工場誘致で高度成長期には飛躍的な躍進を遂げました。そして、平成の合併では大胡町・宮城村・粕川村・富士見村が合併し、大前橋が誕生しました。

　近現代史の変化の激しさは、ナショナリズム（民族主義）と戦争、インダストリアリズム（工業主義）、デモクラシー（民主主義）の進展と衝突、拮抗によるものと言われています。その波は前橋にも及び、市街地は戦禍と復興、郊外は工業団地、住宅団地などの造成や土地改良事業などで、昔からの景観や生活様式は一変したといえるでしょう。

　21世紀を生きる私たちは、前橋市の歴史をどれほど知っているでしょうか。誇れる先人、素晴らしい自然、埋もれた歴史のすべてを後世に語り継ぐため、前橋学ブックレットを創刊します。

　ブックレットは研究者や専門家だけでなく、市民自らが調査・発掘した成果を発表する場とし、前橋市にふさわしい哲学を構築したいと思います。

　前橋学ブックレットの編纂は、前橋の発展を図ろうとする文化運動です。地域づくりとブックレットの編纂が両輪となって、魅力ある前橋を創造していくことを願っています。

前橋市長　山本　龍

∿βOOKLℰ+

前橋学ブックレット ❸❸

| 速水堅曹と親族 |

発 行 日／2023 年 2 月 23 日 初版第 1 刷

企　　　画／前橋学ブックレット編集委員会（前橋市文化国際課）
〒 371-8601　前橋市大手町 2-12-1　tel 027-898-6992

著　　　者／速水堅曹研究会 編
発　　　行／上毛新聞社営業局出版編集部
〒 371-8666　前橋市古市町 1-50-21　tel 027-254-9966

Ⓒ Hayami Kenso Kenkyukai Printed in Japan 2023

ISBN 978-4-86352-325-8

ブックデザイン／寺澤　徹（寺澤事務所・工房）

各号定価：660 円（本体 600 円＋税）